平息內在的風暴，
別浪費生命向外炫耀

正是時候讀叔本華

姜龍洙 강용수——著
郭佳樺——譯

마흔에 읽는 쇼펜하우어 :
마음의 위기를 다스리는 철학 수업

目錄

第二章／爲什麼要認同原本的樣子？——叔本華的自我論

第三章

該用什麼填滿內在？——叔本華的幸福論

第四章／應成為怎樣的人？——叔本華的關係論

第五章／該去哪裡尋找幸福？——叔本華的人生論

前言

不要相對的人生，要追求絕對的人生

若將人生分為四季，我想四十世代應介於夏末到秋初，是締結甜美果實的時刻。二十世代累積知識和經驗，三十世代將精力集中於工作和人際關係，激烈無比。而四十世代是經過人生無數測驗後，開始站穩腳步、達到期望的成就，並因此感到自豪的時期。

然而成功的喜悅有多大，失敗的痛苦就有多大。四十世代同樣會經歷許多個人、社會、人生的失敗，依然忙於職場工作、家務事、子女教養等，無暇照顧自己；對人際關係感到疑惑，並開始認真思考死亡帶來的失落。

四十歲的心情五味雜陳。人生路還漫長，但我們並不那麼期待迎接未來，反而會想：「未來大概也是重複同樣事件，一如往常。」很多事情我們已經太熟悉，因此變得索然無味，平凡無趣。

你正感嘆青春一去不復返時，就已經為「閃亮的年輕已不再重來」這件事而深有同感嗎？那麼，現在該是時候摧毀四十年來被熟悉感和惰性鞏固的世界了。

叔本華四十多歲才崛起的

阿圖爾．叔本華一八一〇年於德國哥廷根大學念了一學期的醫學系，爾後轉換主修科系，改為研究康德與柏拉圖哲學。叔本華的哲學不僅啓蒙自康德、柏拉圖、亞里斯多德等西方哲學家，也受東方哲學影響。

約十年後的一八二〇年，叔本華三十多歲時獲得德國柏林大學授課的機會。獲聘的叔本華刻意把課開在與當時最有地位的哲學家——黑格爾授課的同一時段，最後他只能接受在空無一人的教室中授課的冷酷現實。

一八三九年，他以論文《論意志的自由》參加徵文比賽，獲得挪威皇家科學院頒發獎項。一八四〇年又投遞論文《論道德的基礎》給丹麥皇家科學院，但因為他批評了當時地位最高的學者——黑格爾、費希特，最終未獲得獎項。叔本華就此離開學術界，選擇了哲學層面的「隱居」生活。

《作爲意志和表象的世界》同樣未受太大矚目。雖然叔本華在學問和著述上未受到眾人認可，但他並未陷入不幸之中。天生自尊感高的他，對自己的天賦和能力非常有自信，他安慰自己，未來世代會爲他的天賦做出合理評價。

從叔本華四十五歲左右開始，他的實力慢慢爲眾人周知與認可。他以亞里斯多德的幸福論爲基礎，重新調整自己的想法，整理出一本探討如何幸福過日子的人生智慧與處世之道散文集《附錄和補遺》。這本著作讓他聲名大噪。

若說《作爲意志和表象的世界》否定生命的意志，帶出自殺議題，《附錄和補遺》則是不僅止步於嘆息「不誕生在世界上更好」，更大力主張「不如幸福過日子更好」。幸福過日子的技巧並不是爲了「好死」，而是爲了「好好生活」的智慧。既然都出生了，就別顧影自憐，倒不如過個有意義的人生。

四十五歲以後，叔本華的名聲隨著著作一起水漲船高。六十多歲時，他仍在波昂大學等多所世界知名學府講授他的哲學，聲名遠播。一八五八年，他七十歲生日時，收到來自世界各地的祝賀信件。

老年的叔本華用詩的形式表達當時的心境：

「此刻的我站在路的盡頭，老邁的頭顱無力承受月桂花環。然而欣然回首往昔所爲，我從不畏懼他人的流言蜚語。」

要是叔本華的自信心跌落谷底、在四十多歲時就放棄，未來的人生際遇就不得而知，當然也無法充分享受幸福。對他而言，四十多歲是克服危機的時刻，也是人生的重要分水嶺。

深受世界知名人士喜愛的哲學家

叔本華的書深受哲學家、科學家、心理學家、文學家、法律界人士、音樂家、政治人物歡迎。哲學家中，叔本華影響了尼采、齊克果、維根斯坦、杜威、威廉·詹姆斯及卡爾·波普等人。

尤其是尼采，他甚至表示自己成爲哲學家的契機就是叔本華。尼采年輕時在書店偶然發現叔本華的書，讀了以後便立志要成爲哲學家。他認爲叔本華是「即使失去所有希望，仍然追求眞理」的人，給叔本華相當高的評價。他也在《教育家叔本華》一書中說道：

「他教授的內容雖然已經過去，但他的存在卻會留下。看看這個人，他從不屈服於任何人啊！」

科學家之中，達爾文和愛因斯坦也受叔本華影響；心理學家則有榮格和愛德華·馮·哈特曼的理論基礎受他影響。音樂家華格納深受他影響。華格納大讚叔本華的音樂哲學，一八五四年時，還將其歌劇作品《尼伯龍根的指環》獻給他。

叔本華造成最大影響的是文學界。無數文學家皆受他影響，比如赫曼·赫塞、卡夫卡、杜斯妥也夫斯基、左拉、巴爾札克、普魯斯特、托馬斯·曼等。若要挑出最有名的兩人，那就是托爾斯泰和曾獲諾貝爾獎的安德烈·紀德。另外不得不提的還有愛書成痴的希特勒。

爲什麼我們需要叔本華的哲學？

「痛苦就是生命的本質。」

這是不斷思索人生意義的哲學家——叔本華最經典的名言。四十歲是人生最認眞過日子的黃金時期，也是到達叔本華所說，認知到「人生就是痛苦」的時期。

痛苦可分爲兩種類型，一是追逐**「僞幸福」**的痛苦。許多人認爲成就、財富、名譽是能掌握的幸福，然而這樣的幸福重心並不存在於自身之內，它們是存於外的。因此越是追逐，越會感到疑惑，接著漸漸變得空虛，且更加痛苦。

另一種則是追逐**「眞正幸福」**的痛苦。眞正的幸福彷彿是幻影，難以尋找。須具備深度覺察自我的能力，而且必須持續打敗自己，重新蛻變，將重心由外面轉移到自身內在，使得自我崩壞、破裂、粉碎，因此我們才會感受到痛苦。然而追逐眞正幸福，就能發現嶄新事物——那是肯定自我的心、不必卑躬屈膝、不氣餒地理直氣壯，和能憑藉自身力量生活的品格。

叔本華說，每個人都需要某種程度的擔憂、痛苦和磨難。也許我們早已經歷過追逐僞幸福的痛苦，現在該是經歷追逐眞正幸福之痛苦的時刻。

叔本華哲學大致告訴生活於現代、面臨心靈危機的我們五件事：

第一，人生的智慧：

叔本華的名言不斷被世人沿用至今。他的每一句話皆洞悉萬物事理，冷靜給予建議，教我們如何度過面臨心靈危機的四十歲。

「大家大概只會說，我的哲學不會帶給人安慰。」沒錯。叔本華的哲學不會安慰別人，但能帶來人生智慧和體悟。

第二，幸福不在外頭，而是在自身內在：

他告訴我們眞正的幸福不會時有時無，是他人無法任意奪走，也不需要犧牲自我來取得。它珍貴無比。

第三，將注意力放在自己身上的方法：

人之所以不幸，大部分是因爲過於倚賴他人。正因自己匱乏空虛，所以把希望改放在他人身上。許多人甚至用他人的視角看待自己，而非用自己的視角。期待在狹隘、深受偏見影響、自私、扭曲的鏡中看見美好的自我，是再愚蠢不過的事了。

第四，拋下虛榮心，建立自尊的方法：

自尊來自於深信自己擁有某些優點和特別的價值，我們必須找到「自尊」這顆寶石。

第五，體悟時間不再重來，聰明過日子的方法：

他教我們不過度活在當下，也不要帶著憂慮活在未來。

叔本華被貼上讚揚自殺的厭世主義者標籤，但他其實是很樂天、愛笑的人。他的文字充滿幽默。即使碰到冷酷現實，他依然開朗。他非常清楚一個沒有素養的有錢人會多害怕無聊。

叔本華表示，人生就是要享受。他說每個人的能力和喜好都不盡相同，必須考量各自的風格，找出人生的喜悅。叔本華本人非常喜歡享受美食，他會和狗散步，保持身體健康，並且喜愛聽古典樂。他最重視閱讀、冥想和哲學思考。由此可見，他的確明白人生喜悅爲何。

這樣的叔本華認爲，幸福的關鍵並不是追求快樂。千萬不要曲解所謂「享受人生」的意思。**幸福是降低**、**躲避**、**忍受痛苦**。相較於「獲得多少成功、財富、名譽等」，「看待世間煩惱的方式」才是關鍵。

現在就和叔本華一起同行，將來在人生這片大海航行時面臨的各種痛苦，就會成爲穩住船隻、不讓「我」翻船的「壓艙物」。歷經人生風霜，破裂且粉碎過，對自己的信任也會成爲未來人生大海最可靠的指南針。

叔本華是被無數名世界巨匠奉爲圭臬的哲學家，也是傳授給現代人滋養身心的見解與智慧的生活哲學家。他將自己生活經歷的煩惱，放進充滿香氣與智慧的文字裡，爲我們指引方向。本書從叔本華的哲學中整理出三十道有助於消除人生痛苦，並預防心靈危機的建議。爲了傳遞最眞實的內容，書中所有叔本華的語錄，皆是從德文直接翻譯並進行修飾而成。

多方面了解叔本華後，我才明白以厭世主義哲學家聞名的他，其實是一個樂觀主義者。期望各位也能透過本書用新視角看待叔本華，將他的哲學理念和建議當作墊腳石，打造智慧人生。

第一章

爲何人生是痛苦的？

叔本華的眞理

01

生命完全取決於意志

｜痛苦｜

「世上萬物雖具有想活下去的充分意志，
但這個意志卻未獲得充分滿足，因此活得痛苦。」

人生最痛苦的事爲何？有些人是深度的窮困環境，有些人是折磨人的病痛，有些人則捨不得每一分每一秒，害怕死亡。被稱爲厭世主義哲學家的叔本華，他最大的痛苦——很諷刺的，正是他對生命的熱愛。他熱愛人生，一如他厭倦人生。

因爲害怕理髮師可能會拿刮鬍刀割他的脖子，所以叔本華不讓理髮師替自己刮鬍子；他害怕發生火災，所以不在二樓房間睡覺，並且爲了保命，睡覺時，床邊還放了一把裝有子彈的槍。一八三一年，叔本華四十三歲，柏林出現霍亂，他便像逃難似地搬往法蘭克福。

「人生就是痛苦的。」

四十歲以上的人，一定會對叔本華的這句話贊同不已。生命的欲望本身就是痛苦，佛教用「一切皆苦」來形容。

人類總有一天都會死，所以我們必須明白欲望、執著、占有欲是多麼不踏實的事。當我一死，名聲、權力、知識等就什麼都不是了。明白這項事實，好好控制欲望這道波浪，就是獲得幸福心靈的出發點。試著在一片漆黑的痛苦大海上睜開眼，看看烏黑的波浪吧！我們必須懂得看出藏在幸福美名背後的生命黑暗面，需要有直視人生深淵的勇氣。

叔本華爲什麼說人生就是一連串的痛苦？是因爲人類想存活下去的本性欲望。他認爲人類的本性是「對生命的盲目意志」，因爲盲目希望永遠活下去的欲望未被滿足，所以無法避免痛苦。人類本性的欲望並不只帶來痛苦，**人之所以能**

熬過痛苦困頓的時光，同樣源於對生命的熱愛和盲目的渴望所帶來的力量。因此他認為，若能好好控制這種欲望，即有可能過自主的幸福人生。

想活下去的意志是人類本能

生命就像硬幣，同時存在正反兩面。就惰性及慣性來看，想好好過日子的需求會成為不幸的原因，但從生命動力來看，卻是幸福的條件。

人類有理性與本能兩面，據說幸福也是基於這兩種原理而來。希臘哲學家亞里斯多德在《尼各馬可倫理學》一書中表示，當人類為幸福而活，才是符合理性的生命。他定義人類幸福時，特別注意「理性」，因為理性是人類與動植物的差異，是與生俱來的機能。他表示，有智慧的人類，其靈魂具有卓越的一面，意指其理性卓越。此外他也主張依據自我的卓越之處，將理性發揮到最大價值，就是好好過日子的方法。

相反的，叔本華則站在本能角度，認為幸福是一種幻想，也是無法實現的妄想。我們的人生彷彿是一輛列車，在沒有駕駛員（理性）的情況下，被欲望（動力）牽著跑。我們的生命不是由精神引領，而是被衝動追著跑。

俗話說「好死不如歹活」。這句話道出「就算活得卑賤、吃盡苦頭，也比死還要好」，是一種對生命的盲目執著與固執欲望。生命力究竟多強韌？叔本華在《作爲意志和表象的世界》一書中以植物比喻：

「乾燥的種子能維持三千年的生命力，只要出現有利生長的環境，就能成長爲植物。」

就像一旦開始動，就會維持動能的作用力一樣，人類既然出生了，就會希望自己能存活到最後。人類盲目抱持活著總比死亡好的信念，撐過一天又一天。因此叔本華說，世界的本質並不是理性，而是「對生命的意志」。

人類想永遠活下去的心，會因死亡而受挫。所以人們爲了保存自己的基因而談戀愛、結婚、生子，但結果並未帶來完美的幸福，而是新的痛苦開端。

對生命的執著以及想好好過日子的欲望，
驅使我們向前奔跑。

領悟痛苦方能領悟人生

四十歲以後，對人生會出現新的思考方式，看待幸福與痛苦的角度也會產生變化。我們也得像叔本華一樣，**自我覺察究竟是什麼讓人生變得痛苦，培養減少痛苦的智慧，方能幸福**。

叔本華的人生一直到四十五歲後才開始越來越順利。四十歲對叔本華而言，是必須忍耐難以承受之痛苦，並且加以克服的危機點，但也是轉捩點。如果他四十多歲就放棄了，大概就不會享受到之後的好名聲和幸福吧？

想理解這個世界如何運作，不僅需要豐富經驗，也需要多采多姿的觀點和視角。能判斷並理解現況、將其化作養分的成熟姿態，至少需要四十年的時間培養。青春雖然不夠有智慧，但有勇往直前的勇氣。在狂風駭浪的時期嘗遍人生苦澀後，視角不但變得寬廣，也更深邃。若想在四十歲以後享受幸福人生，就得累積經驗和知識，反覆進行自我覺察。

四十歲以後，**與其增加快樂的分量，慢慢減少痛苦更聰明**。叔本華熬過他的四十多歲時期，到他度過七十歲生日的兩年後，也就是一八六〇年九月二十一日離世前，度過了十分幸福的時光。他本以爲死了以後才會受人矚目的著作，在生前即被世人認可，廣獲社會名聲。據說叔本華離世前的樣子非常平靜，感覺沒有任何痛苦，就像回想起自己的幸福回憶。

四十歲的叔本華未能預想到自己會過得如此幸福，我們同樣也別太早斷定自己的未來。也許叔本華晚年收穫的，並不是名聲、財富與社會認同，而是內在體悟——「生命的智慧」吧！

“

人生是需要我們一輩子考察的對象。

”

02

人類因有欲望，而尋找欲望的理由

｜欲望｜

「人類就是無數個欲望的組合體。」

除了生存必須的食欲，當睡眠需求和性欲等基本欲求未被滿足，人就會感受到無法忍受的痛苦。除此之外，人類還具有比基本欲望更上一層的欲望——自我實現。

叔本華表示，人的這些欲望無法和身體分離：眼睛就想看、耳朵就想聽、嘴巴就想吃，身體總是對欲望做出回應。此外，各式各樣的欲望也有其位階。若最低層級的欲望是性欲，最高層級的欲望就是思考。身爲欲望的組合體，人若能好好控制這兩端的欲望，達到平衡，就是通往幸福的道路。

人類的欲望很具體

叔本華說世界的本質就是「對生命的意志」，而人類的身體內部明白那股意志。身體將人類看不見的欲望用最客觀的方式呈現。換句話說，我們可以從客觀角度，藉由身體發現生命的意志，每個身體部位都是欲望的主體。

「身體的每個部分都必須和發現意志的主要欲求完全相應，必須是肉眼可見的呈現方式。也就是說，牙齒、喉嚨、內臟是客觀化的飢餓，生殖器是客觀化的性欲，拿取物品的手或迅速的腳步則是對應（呼應）那些器官所表達的更間接的意志之努力。」

亞里斯多德認爲消化器官是爲了吃而存在，叔本華則認爲是因爲有想吃的意志，才會創造出消化器官。因爲發現眼睛想看的意志，所以產生想看某個對象的欲望是理所當然的，身體各部位也完全和其呈現的欲求一致。因此人類的所有欲望，都和身體機能相同。

於是，叔本華認爲人類並不理性。人類思考能力來自於大腦，人類的精神或理性也只不過是「欲望的道具」罷了。因此要完全控制人類的欲望，是不可能的。

欲望經常沒有任何理由，也和想法沒有關係。欲望的作用比理性的作用還要快發生。我們感覺到肚子餓，並不是因爲看到美食，而是先感受到肚子餓，才去尋找能滿足那個狀態和感覺的對象，因此欲望並不取決於外在事物。不管我們的想法是什麼，持續產生無法控制的欲望是理所當然的事。

對於欲望與知性之間的相關性，叔本華當時批評黑格爾等相關論調的支持者，指謫他們將人類本質定義爲理性、精神、意識根本是謬誤。他主張內在的意識其實頗受無意識的意志、執著的生命力、欲求的意志影響。

若要比喻，就像將「瘸子（理性）」放在行走中的健壯「盲人（意志）」肩上一樣，意志並不是因爲找到渴望的理由才渴望。它們是因爲渴望，所以尋找渴望的對象。因欲望排在合理選擇好壞想法前面，故人類是無法自由選擇的。本能遠比知性優先。人類的欲望對應於身體這一點告訴我們，**到死之前我們都必須滿足生存的渴望才能幸福**。

欲望不分善惡

哲學家伊比鳩魯將人類的欲求分爲三類：

第一，自然且必要的欲求：指的是吃及穿的欲求。容易滿足，但無法滿足時將會帶來痛苦。

第二，雖然自然，但並非必要的欲求：指的是性方面滿足的欲求。這項欲求比第一項欲求更難滿足一些。

第三，不自然，也非必要的欲求：指的是對奢侈、奢華、富貴榮華的欲求。這項欲求沒有終點，也很難被滿足。

根據演化論研究，人類的欲望會隨環境改變，且自舊石器時代起，人類爲了生存，會將資訊保存於身體裡。人類想吃喝的欲望，既不善良也不邪惡；肥胖對健康不好是一種想法，但從另一角度來看，脂肪對生存來說，其實是必要的。人類克服寒冷與飢餓的方式，就是將脂肪累積在身體裡。

人類的理性同樣經過對環境的回饋演變而成，所以基因裡記載著許多記憶與受傷經驗。大腦爲了生存，也會隨著環境變化而不斷發展。換句話說，之所以發展智能是因其爲生存道具的關係。

在這過程中，留下後代是極其自然的事。演化生物學家理查・道金斯的著作《自私的基因》中寫道，將自己的基因留在這世界上是人類最大的渴望。人將這套近期理論放在一起比較，可以發現叔本華的欲望哲學具有說服力。人類的欲望及智能會爲了生存而不斷升級進化，那麼自然到死之前都無法擺脫欲望的羈絆。

我們現在確實爲了滿足基本欲求而努力生活。在職場賺錢、交朋友、投資，都是爲了滿足基本欲求。若這種欲求未被滿足，自然感覺痛苦，這決定了人類的幸福與不幸。在對應身體各部位的欲望都被適當滿足後，才能感到滿意。人們必須明白，直到死亡之前，我們都無法逃離意願和匱乏的輪迴。

人類的欲望藉由身體呈現出「對生命的意志」，也就是說透過身體，從內在感受到「對生命的意志」。

若要說這套理論和演化論的差異，那就是叔本華認為必須妥善控制欲望，才能獲得幸福，尤其當人類能好好用知性控制性欲時，才不會被盲目的生命意志左右。**當意志不再受外在刺激影響，才能變得幸福**。

”若不能自行察覺欲望，痛苦將會接踵而來。“

03

人生就像鐘擺，在痛苦和無聊間來回擺盪

|過剩|

「生命就像是鐘擺來回於痛苦和無聊間，
其實這兩者就是生命的終極要素。」

叔本華認爲不幸的原因有兩種，一是痛苦，二是無聊。例如，貧窮的人因沒錢而感到痛苦，富裕的人則是因爲錢多到不知道該怎麼使用，進而對生命感到無聊。叔本華如此說明：

「阻止人類幸福的兩大敵人是痛苦和無聊，我們的人生可以說是穿梭於這兩者之間。外在的窮困和匱乏導致痛苦，而內在的安全和過剩則導致無聊。因此位在底層的人不斷和窮困、痛苦纏鬥，而身處富裕且高尚世界的人則和無聊纏鬥。」

幸福與不幸並非客觀的存在，而是取決於人類善變的情緒：少了什麼，就抱怨匱乏；多了什麼，又嫌太多，這就是人類心理。匱乏即痛苦，過剩即無聊。對人類而言，飢餓是痛苦，飽足感亦是不開心的。

「所有意願的基礎是匱乏、缺乏，意即痛苦。人類其實就根本或本質上，早已陷入痛苦之中。」

滿足欲望後，隨之而來的匱乏

哈佛心理學系教授丹尼爾．吉爾伯特拍攝了兩千兩百五十名受試者的大腦狀態，看他們在什麼時候會感到最幸福。結果顯示：**當大腦集中精力在某件事時感覺最幸福，而休息時則感覺不幸。**

根據吉爾伯特團隊的研究結果，集中精力在工作、運動以及和合得來的人聊天時，幸福荷爾蒙會提高。相反的，當人休息或出現負面想法、擔心未來、想起不愉快經驗時，壓力指數就會提高。這份研究結果正好支持叔本華的主張，告訴我們世界的本質爲不斷努力活下去的意志，意願和努力是動物和全人類的本質，因此無聊便是不幸的原因。

處於欲望未被滿足狀態的人感到不幸是理所當然。然而當意願太容易被滿足、欲望被消除後，人將陷入可怕的空虛和無聊之中。枯燥乏味成了難以承受的包袱。站在痛苦和倦怠二擇一狀況面前的人，自然不幸。滿足欲望後感到倦怠，未滿足欲望則感到痛苦。然而人的情緒就像來回擺盪的鐘擺，不會一直維持在同一種狀態。因此沒有永遠的滿足與幸福感。去吃到飽餐廳用餐時，一開始會覺得自己好像可以吃掉所有餐點，但是等到吃飽了之後，可能就會說：「這間餐廳的魚不好吃。」「肉有腥味。」肚子餓和吃飽的人的想法就是不一樣。

人際關係也是一樣。從未談過戀愛的人可能會希望和他人交往，所以總抱持著新鮮感和悸動不已的心與初次來往的人聊天，並且很喜歡這樣的狀態。相反的，太受異性歡迎的人也會有煩惱，因爲認識越多人，他們就越覺得枯燥乏味。從未談過戀愛的人希望有他人相伴，而太受異性歡迎的人則是勉強自己培養備胎。

我們努力在痛苦和無聊之間保有幸福。

過猶不及

即使欲望完全被滿足，處於最理想的幸福狀態下，這世界仍有無數痛苦。即使所有困難都消失，無聊也會如同匱乏的痛苦般難以忍受。叔本華如是說：

「人將所有煩惱和痛苦都送往地獄，天堂也只剩下無聊。」

人類希望實現夢想，也渴望成功。然而諷刺的是，一旦成功實現夢想，就越難避免陷入無聊。成功的有錢人中，也有人無法承受人生變得枯燥乏味，選擇離開人世——這彷彿證明了這套說法。

有個經濟學名詞叫「邊際效應」，指的是消費同一種財貨或服務時，主觀感受的滿足感或需要程度會逐漸減少。

也就是說，重複次數越多，效益會越趨減少，例如再好吃的食物，持續不斷地吃總會有吃膩的一天，因此就算錢是幸福的條件，也不代表幸福感的增加和金錢總額會成正比。

對一般民眾而言，二十五萬或兩百五十萬都是一大筆錢。但是對無論怎麼花，存款餘額最左邊數字都不會動的超級富翁而言，這兩者感覺差不多。眞正的有錢人根本不知道自己有多少錢，他們不把幸福的價值放在金錢上，其實也就代表錢根本沒有扮演重要角色。尤其是未經太大努力就財富自由的人，他們更無法忍受富裕中的空虛感。

內在的空虛感越大，就越想轉換心情，將所有精力放在外面事物上，渴望外在刺激。爲什麼獲得經濟自主後，倦怠、無聊反而會找上門？原因在於內在。

無論是富人或窮人，人生一旦無限來回穿梭於空虛感和倦怠感之間，就無法避免不幸。叔本華如此形容富人與窮人：

「窮困是民衆一直以來的災難，無聊則是上流社會的災難。」

如同叔本華所說：「遠離痛苦或無聊其中一端，即代表靠近另一端了。」爲了不陷入這種困境，我們要守護的就是內在和精神的富庶。擁有豐富的想像力、大腦活動能力越優異的人，完全不會覺得枯燥乏味。他說：

「當精神越富饒，空虛感就越難闖入。」

我們必須避免欲求匱乏以及欲求過剩，所以我們得選擇匱乏和過剩的中間地帶。聰明的人不會從外在尋找幸福與不幸的原因，反而會從自己的內在尋找。**別將自己的煩惱怪罪於客觀條件，應努力改變自己看待煩惱的觀點，並尋找解決方式。**爲了克服無聊的源頭——也就是內在的空虛，我們該追求內在的富庶，而非外在刺激。

人人都夢想能經濟獨立、成功且幸福。然而如同叔本華指謫的，過度滿足也是不幸的開始。在你爲了擁有太多東西、耗盡自己之前，必須思考一件事——欲望的兩端是不幸，需要藉由不斷研究、思索、覺察來好好控制欲望。

叔本華所說的「幸福之人」具有一定財產，不需要向他人伸手，並具有卓越的心智能力以享受閒暇時間。**爲了變得幸福，我們不僅需要消除物質上的匱乏，也需要足以承受倦怠、無聊、枯燥的智慧。**

"遠離痛苦和無聊其中一端，即代表靠近另一端。"

04

刻意排斥之必要

|匱乏|

「已完成的願望是被讀取的錯誤，
新願望則是尚未被讀取的錯誤。」

人是「無數個欲望的組合體」，成日受新的需求折磨。等到欲望被滿足了之後，就會對此失去興趣，進而產生新的欲望，就像忍不住想「換新手機」的欲望一樣。無論人際關係還是職場，我們總是對「新」東西產生好奇心、興趣、關心，可是一旦對那個新玩意不感興趣後，又會去尋找新事物。

新的欲望出現可能代表舊欲望不被滿足，也可能代表是滿足欲望後所帶來的倦怠感，舉例來說，想換手機、腳踏車或汽車可能是因爲已經使用很久了、用膩了，但也可能代表對未知事物的欲望。

叔本華將這種欲望比喻爲希臘神話裡擅長變身的海神普羅透斯。普羅透斯擁有變身能力，能自由自在地變換外表。人類的欲望也如普羅透斯般變化無窮，經常尋找新事物、不斷變形。與其說人類對新事物的欲望是不變的本質，倒不如說人類總是愚蠢地被亮麗外表欺騙。叔本華諷刺地說：

「讓所有事物看起來像樣，就是它的目的。」

依賴存在變數的幸福不會長久

欲望很難滿足，但被滿足以後，又會變得對那項事物興趣缺缺或沒有感覺。這代表我們滿足的時間其實不長。人類對於欲望的動機在於滿足，可是一旦滿足了，那份動機馬上會以另一種樣貌出現，創造出新的欲望。因爲匱乏帶來痛苦，所以我們追求滿足欲望；但滿足了卻又會視爲理所當然，開始對另一件新事物感到匱乏，無論是富者或貧者，成功或失敗，人人都一樣。這是因爲人類忘了自己擁有的價值。

對新事物的好奇心是因爲將幸福的價值放在外在因素。不斷從新事件、新物品、新的人上面尋找趣味，代表自己內在的幸福感不足。**從變動對象上找到的幸福不會長久，而人類的欲望依舊朝新事物而去。**

即使滿足其中一項欲望，也絕對無法獲得眞正的滿足感。再加上已實現的欲望會引發新欲望，這種惡性循環會使人更接近不幸。無限反覆於匱乏與滿足的人，絕對無法被滿足。

人若不能好好掌控欲望，通常會變得不幸。一旦擁有了自己想要的東西，就馬上去尋找新事物，怎麼可能不感到疲憊呢？若將幸福的價值放在外在，一味追求外在刺激，絕對無法滿足內在的不足。海德格就批評經常尋找新事物的傾向是「好奇心」作祟，現代人生活的崩壞便是來自這顆「好奇心」。世界總是在變，新東西不斷產生，造成了人類老是湧出想「換新機」的欲望。

這種好奇心並不是驚嘆於新事物，想好好觀察的單純好奇心，而是因爲面對新事物時的緊張和興奮，表現出來的好奇心。這種好奇心僅是表面上的「爲了知道而知道」。找到新事物的人並不會滯留在某一處，他們衝到某個地方後，又會馬上衝往下一個地方，漂泊不定。

區分好奇心的正反面

對新事物有好奇心不盡然是壞事，因爲好奇心會讓人認知到自己的匱乏，當匱乏的空間被填滿，就會讓人感到安心。

好奇心也提供自主探索的動機。羅徹斯特大學社會心理學教授愛德華・德西主張「好奇心找出嶄新之處與挑戰課題，也反映了人類與生俱來希望探索並學習，以增加並發揮自己能力的動機」。換句話說，他認爲發揮好奇心是爲了創造正面經驗。

德國康斯坦茨大學心理學教授布莉塔・雷納主張「社交好奇心」代表著人們說話、傾聽、觀察都是爲了理解他人的想法與行爲。人類是社會性動物，藉由獲取他人的資訊來判斷對方是敵是友。爲了得到資訊，有些人偷偷打探、偷聽，甚至可能說壞話。

有問題的好奇心則是追求外在不停的刺激。

追求這種好奇心的人願意承擔身體、社會和財務風險，以獲得多樣化、複雜和強烈的體驗。傾向於尋求刺激的人往往會放大而不是減輕對新事物的焦慮，如此一來，反而可能會刺激對新事物充滿好奇心的人的末梢神經，進而帶來上癮的風險。有一句英文俗諺：「好奇心會殺死貓。」意指過度的好奇心可能會招致危險。

很多人常常在社群平臺上秀出自己使用最新流行的商品貼文，追求刺激的人此時若沒有跟著購買新產品，就會產生彷彿落於人後的自卑感。明明不久前才購入新手機、車子、腳踏車，就已經想賣掉，換成更新的。

持續尋找新事物、認識新的人、期待新戀情並不是邁向幸福的道路。別在外面尋找新事物，應反覆琢磨已經擁有事物的價值。

其實重要的東西都在你心裡——看待世界的一貫視角、心態、態度。**若能把**

幸福的價值放在內在，反而能感受到長久又穩定的滿足感。致力於用新方式維持這樣的觀點，就是能減少有問題的好奇心的方法。

“

想成功，就去獲得想要的。

想幸福，就去享受已經擁有的。

”

05

欲望是必然的

|充足|

「欲望的主體就像永遠殷切渴望的坦塔洛斯一樣。」

叔本華認爲，人類的欲望和坦塔洛斯非常相似，都屬於「無法滿足的渴望」。

宙斯之子，也就是西庇洛斯的國王坦塔洛斯獲邀到眾神居住的奧林帕斯山與祂們一同用餐。不料坦塔洛斯偷了諸神食物——仙饌密酒和神酒，鬧出大事。宙斯因此將坦塔洛斯打入冥界，若他想喝水，水就乾涸；他想採水果吃，就讓他摘不到——他永遠受飢渴折磨。

人類就像坦塔洛斯的命運一樣，無法完全滿足，因此不幸。叔本華說：

「所有動機皆來自於欲求，也就是匱乏或煩惱。當這種需求被滿足時，這份動機就結束了。然而，即使一項願望被滿足了，後面一定還會有十項願望無法達成，更何況欲望是長久的，需求也會不斷出現，換句話說，在短時間內無法獲得足夠的滿足感。若無法獲得想要的東西，就無法獲得確切且持續的滿足感。這就彷彿持續施捨給乞丐，這樣的善意雖然延續他今日的性命，但也延長他的痛苦至明天。」

沒有盡頭的欲望

我們的欲望一直無法被滿足，不斷因爲希望或恐懼而衝動行事，只要意識被意志所掌控，就絕不會有永恆的幸福。因爲即使某一種欲望已獲得滿足，未滿足的貪念仍比已經滿足的要多更多。滿足的欲望有限，未滿足的欲望卻更多。

「想要的東西到手後馬上就膩了」「總是感受到同樣的渴望」，叔本華將這些現象比喻爲希臘神話中的「達那伊得斯姊妹悲劇」。達那伊得斯是希臘神話中阿爾戈斯國王達那俄斯五十名女兒的總稱，其中，四十九名女兒在新婚初夜殺害了各自的丈夫，於是被天神懲罰，發配到冥界，灌水至永遠無法被填滿的洞。

叔本華之所以會以這則故事爲喻，即是因爲人類滿足欲望的行爲和這項懲罰同樣沒有盡頭。

消除對欲望的飢渴

人類的欲望之所以如同汲水倒進無底洞般沒有盡頭，可以用馬斯洛五大需求理論來說明。

第一階段的欲求是最基本的生存條件，如吃飯、穿衣、安居、睡眠等；第二階段欲求則是對安全的需求，希望能逃離危險；第三階段是愛與歸屬感，想戀愛、想愛人的渴求；第四階段是受人尊敬的欲求，包括名譽、權力、成就的需求；最後的第五階段則是自我實現的欲求，也就是最大限度地發揮個人潛能的需求。

叔本華也曾提及幾個層級的需求。

人類的貪心無限，致使反覆做錯同件事。

他認爲最重要的是「生存」，活著才能談戀愛、結婚，才能暫時陷入幸福的錯覺；對名譽和權力的渴望被他批評爲「虛榮」，因爲它是透過反思他人的想法而產生的；自我實現的欲望是他認爲必須實現的最高價值，需要透過教育和素養達成。

法國精神分析師雅各·拉岡說，當人類感到不快樂時，是因爲他們的欲望指向了「失去」這個現實。不斷感到匱乏的事物有名譽、金錢、權力、成就、成功等，多得不計其數。無論再怎麼塡補也無法滿足，人類的欲望就像往破了洞的甕裡倒水一樣無窮無盡。

許多人爲了獲得財富自由，借了過多的貸款去投資，也有許多人本想大賺一筆，結果卻賠得慘兮兮。看著股票和比特幣的漲跌幅，會覺得人們好像不受理性支配，而是被一股瘋狂的力量駕馭。也有些人在討論股票的群組裡，拜託他人推薦值得投資的股票，結果反而被詐騙的案例，這些都是證明人類有多急於一夕致富、總是陷入欲望沼澤裡無法自拔。

已經擁有了，就想擁有更多，這就是人類。

許多東西在臨死之前也用不完，換句話說，也有可能到死以前仍無法擁有全部。人的欲望若像無底洞般永遠無法滿足，那只能落得不幸一途了。**如果難以滿足，就得減少欲望的大小。**

”不夠富裕，便受窮困之苦；夠富裕了，卻受倦怠之苦，人類總是因為無法滿足無盡欲望而飽受折磨。“

06

過得幸福，就是承受痛苦

| 幸福 |

「一件痛苦，足以抗衡十件快樂。」

痛苦的力量比快樂的力量還要強大。根據叔本華的理論，這是因爲所有快樂和幸福都帶有消極的性質，而痛苦則具積極性。

人類可能不清楚幸福爲何，卻很清楚不幸。所以當擁有財富與名聲時，不太明白它們的價值，等到失去後才知其珍貴。

健康也一樣。我們感受不到健康，但很清楚痛苦的感覺，就算身體只是出現小傷口，那種痛覺卻叫人無法忽略，會感到不舒服。即使我們感受不到擁有健康的胃是什麼感覺，但當胃出現發炎症狀時，肯定會感受到痛苦；我們知道蛀牙的痛苦，但卻無法感受到其他牙齒的健康。

韓國俗話說：「在的時候沒感覺，走了以後才知道。」意思是「走進來的人不顯目，但離開的人，因他而留下的空缺卻非常明顯」。幸福也是同樣道理。**眞正的幸福是當自己擁有時不明白，等到失去了才知曉**。所以比起沉醉在幸福裡，人類更常受不幸的感覺左右。

沒有什麼是理所當然

幸福是夢想，痛苦卻是現實。叔本華的幸福論並不是積極追求快樂，而是減少痛苦或抑制匱乏的消極立場。當出現蛀牙，與其注意其他牙齒，應先從治療那顆蛀牙開始著手。

幸福之所以屬於消極性質，是因爲那已是滿足匱乏的狀態，**所以沒有比抑制匱乏更幸福的可能**。相反的，痛苦之所以具積極面，是因爲在失去了我們認爲理所當然，比如擁有的物品或健康，才會感到痛徹心扉、明白它的價值。因此沒有永遠的幸福，有的只是失去後又找回、一瞬間的幸福罷了。

叔本華認爲亞里斯多德的理論是人生最大智慧，也是最重要的原則。

「智者不追求快樂，而是追求沒有痛苦的狀態。」

先消除痛苦的根本原因，比尋找快樂更具智慧。當碰上不幸的兩種原因——痛苦和倦怠時，就像亞里斯多德所說，與其追求積極的幸福，不如追求消極的幸福。

快樂與痛苦本身並不存在，而是和人類的想法有關連。有時我們不太能感受到巨大的喜悅，然而總是容易察覺到一丁點痛苦，並且將之長久留在記憶裡。同理，即使所有事情進行順利，只要有一件事出差錯，就很容易把所有注意力都放在上面，忘卻其他事情。人類對痛苦非常敏感，但又將快樂視爲理所當然。

尤其健康更是如此。早上起床時，我們不太能感覺到身體的健康狀態。幾乎沒有人會感謝自己心情愉快、腸胃健康、腳步輕盈。沒意識到自己的身體是否健康，等到生病了，才明白健康的重要性。得了胃癌後，才知道腸胃一直以來是多麼努力工作；錢財同樣也是等到失去了方知其價値；人際關係破裂後方知其珍貴。

痛苦的持續程度和強度比快樂要大上許多，所以**我們必須致力於減少痛苦，而非追求快樂**。別追逐虛幻的享受，要先消除如匱乏、疾病、危險等讓現實痛苦的原因。

絕對能靠近幸福的方法

決定人生是否幸福的眞正價値，在於承受痛苦的忍受力。享受世上最大幸福的人，往往是那些有勇氣過著不那麼不幸的生活，同時忍受著痛苦的人。評估一個人是否幸福，並非以成功、財富、成就、出人頭地與否做爲標準，而是以精神、肉體所承受的痛苦程度。

若你現在不痛苦，就代表你已在享受這地球上最大的幸福；若不對世界抱以過多期待，不急於得到什麼，就能防止令人頭疼的事情發生。

別追求十種幸福，而是避開一種痛苦吧！消極幸福論的核心即是將痛苦的原因縮到最小。換句話說，**減少痛苦而非積極追求快樂，才是通往幸福的道路**，尤其就健康而言，預防疾病要比追求快樂再重要不過了。

"想想人生的首要之務為何吧，
不要等到明白箇中珍貴時，
落得為時已晚的下場。"

第二章

爲什麼要認同原本的樣子？

叔本華的自我論

07

改變看待幸福與不幸的觀點

|性格|

「個性善良又溫和的人，即使處在極為匱乏的狀況，
也能滿足於現況。然而吝嗇、善妒又壞心眼的人，
即使累積再巨大的財富，依然不懂得知足。」

近年來，很流行一套以榮格的心理學理論爲基礎，將人類性格分爲十六種的MBTI測驗。所有的分類法皆難以說明全人類的個性，這十六種性格同樣也難以明確解釋所有人類的類型。然而MBTI測驗說明了性格發展會對人類行動產生什麼樣的影響，這一點仍具意義。

在榮格之前，西元前五世紀的希波克拉底也以個性區分氣質。他將人類的氣質分爲四種——一，血液（多血質）：活潑氣質；二，黏液（黏液質）：冷靜氣質；三，黑膽汁（抑鬱質）：易陷入悲傷想法之氣質；四，

黃膽汁（膽汁質）：容易興奮，個性急躁之氣質。

但因爲一個人其實可以屬於多種類型，所以絕對不要認爲與生俱來的性格能決定人的一生，因爲這同時代表著人的命運有數。假設與生俱來的性格不會改變，那無論我們再怎麼努力，幸與不幸早已決定好，註定無法改變人生。

我的未來在氣質裡

痛苦無所不在，一項痛苦消失後，另一項痛苦就接踵而來，無可避免。然而即使有了新的煩惱，只要沒有它踏進來的空間，我們就不會認爲它是痛苦。

叔本華也抱持人類性格不會改變的主張。他認爲即使一個人改變了行爲模式，也不代表他的性格就會跟著改變，因爲性格和氣質屬於原本的人格，是每個人皆具有的獨特性。叔本華認爲，人的外貌、體型與性格會和父母相似，其中，智力來自於母親，而意志（性格）遺傳自父親，因此個性取決於天生的氣質，尤其，是否具備開朗的心態和活力對於是否感到幸福來說至關重要。

此外，叔本華也主張幸與不幸皆取決於人天生的性格。他表示天生的氣質和性格不會改變，而且會持續影響我們對幸福和不幸的感受。這項觀點認爲，樂天的人能享受世上再美好不過的幸福，而像叔本華這樣，奶奶得憂鬱症、父親自殺，如此憂鬱的人會成爲厭世主義者。

照他的說法，幸與不幸就像命運已註定。無論富有或貧窮、成功或失敗，無論什麼情況，幸與不幸都取決於天生的性格上。

每個人痛苦的量都源於各自的本性。**幸福與痛苦不會受外在因素影響，只取決於本性的格局與個人素養**。格局大的人相對能忍受許多痛苦，格局小的人即使碰到微小的痛苦，也會怨天怨地。

性格不僅有與生俱來的氣質，還包含了接受痛苦的能力。痛苦的感覺會根據每次身體的狀況來決定是多還是少，但總體而言皆是受氣質影響。

所以認爲只要消除對我們造成痛苦的特定外在條件，就能感到滿足，是天大的誤會。痛苦並不會被填滿，也不會持續消散，它會維持一定的量。所以我們主觀感受的不幸會持續下去。幸福同樣也是因每個人與生俱來的不同心理格局而有所差異。

如果說，左右人類幸福的最重要因素是性格，那麼想改變自己的性格，蛻變成一個全新的人是不可能的。人類誤以爲自己是照自由意志行動，但其實是受性格支配。我們自出生到死都無法拋棄自己討厭的性格，同樣的事情會不斷重複，且會爲此感到幻滅。

所有行爲都是因本性的動機而做，這不過是性格的變奏曲罷了。同樣的性格可能會出現數百條不同的人生道路，但最終還是會走向你的性格所訂定好的人生道路，你自由的選擇也同樣受性格支配。

透過後天的努力來改善性格

性格因爲本性的關係，很難輕易改變，但「幸福同樣也取決於與生俱來的氣質」這一說法是有問題的。如果這種性格不會改變，那人看待世界的觀點也不會改變，對幸與不幸的觀點自然也不會改變。

樂觀的人在煩惱中看見機會，
悲觀的人在機會中看見煩惱。

希臘人說，性格是在風俗之下形成，因此他們主張人類必須啓發並發展與生俱來的性格或才能。叔本華則認爲在天生性格不會改變的前提下，還是能透過教育等後天努力改善、改變性格。我們能透過改變自己的性格，增廣看待現狀的視野，用不同以往且更豐富的方式看世界。

許多人經常陷入性格類型論的盲點，所以必須透過教育或自我覺察的方式，努力改變天生的性格。倘若幸與不幸只取決於天生的氣質，那將會得到人類再怎麼努力都無法改變人生的哀傷結論。透過長期覺察、思考「我是誰」的議題，是可以改變性格的。

"
照既有的方式做事，
照既有的方式過日子，
將無法脫離矛盾與煩惱。
"

08

區分「想做的」和「能做的」

| 能力 |

「人類要明白自己想做的和能做的事，
如此一來，才能表現出性格，進而真正成就某件事。」

倘若一個人必須依照天生的性格與氣質過日子，幸與不幸就是早已註定的事。叔本華雖未改變「性格不變」的立場，但他表示，我們能透過教育創造第二人格，這是後天取得的性格。如果能後天改變性格，人人都可以按照自己努力的方式變得幸福。根據叔本華「後天性格」的概念得知，**幸福並不是天生註定，而是自己選擇並創造出來的**。

爲了達到這點，必須精確了解自己的欲望及能力，並盡力使兩者維持一致。這並不會自然形成，只有經過長期反覆執行和試錯後，了解自己要什麼、能做什麼，才能達到眞正的幸福。

不論是財富、名譽、知識、美德，如果找到想做又能做的事，並且希望獲得自己想要的事物，必須懂得放棄目標以外的東西。因此，光靠單純意志與能力是不夠的，教育在此扮演啓蒙天賦與可能性的重要角色。這種後天性格對幸福而言，比天生性格還要來得重要。

若要幸福，出發點最重要

無論是誰，都要明白自己想做的和能做的是什麼。**能分辨我想做的（欲望）和我能做的（能力），這樣的自我認知是幸福的前提條件**。

然而我們不可能打從一開始就明白自己的性格，這需要許多嘗試、失誤和經驗。只有眞正明白自己想要的和自己能做的事，才能有所成就。若不如此，人生終將失敗。不明白只適合自己、只有自己能做的事物爲何的狀態下，不可能成就眞正的幸福。

先天性格是與生俱來的，而後天性格則是在認知到自己的欲望和能力後出現。若不能覺察到自己想做的和能做的，就會受天生氣質和本能支配。在體驗世界、產生洞悉能力後，就能獲得找出專屬自己的幸福條件的機會，並且能透過經驗，讓自己的意願（欲望）與能力一致的方法、了解自己的個性。

人類在各自不同的渴望和能力中發現自己的天賦。至於天賦的水準，因每個人個性不同有所相異，只有自己實際去體會，才能清楚辨識。叔本華如此描述：

「魚得優游水中，鳥得翱翔空中，土撥鼠則得穿梭於地底下才能幸福。」

這段話的意思是我們必須盡量發揮個性中的最大優勢，花心思於符合自己人格的事情上。根據叔本華的哲學，只有找到符合自己個性的事情、生活方式及職業，並發揮能力，方能幸福。

相反的，我們得避開不符合個性的事情。若不能明白適合自己以及自己能成就的事，自然會變得不幸。換句話說，不幸是對自己個性的無知、缺乏對自我認知所導致的。

我們能做的，是用適合自己的教育方式來陶冶自己；選擇適合的職業，盡量往有利自己的方向來運用。

接下來，你必須讓這一生保持愉快。叔本華曾說，為了藉由認知自我獲得後天性格，我們需要教育，但過多的知識對人類無益，反而會讓人變得遲鈍。因此我們還得注意累積適合自己的知識，才能讓自己按照個性享受人生。

幸福是極爲主觀的選擇

現今的教育與其說是實現個人特色，倒不如說是較爲偏重在能保障你獲得成功與財富的職業上。所以，大概有許多人對自己眞正想要的東西一直缺乏認知和關心。叔本華反倒認爲，不該把價值的標準放在他人身上，應在自己身上尋找。我們唯一能做的一件事，就是盡量發揮自己的特色，傾注全力做符合自己人格的事。

這樣的立場和注重培養自我卓越性的希臘教育觀點一致。**幸福在於將自己獨有的卓越能力發揮到最大値**。運動神經發達的人，如果整日坐在桌子前研究，他會感到不幸；智力高的人若終日只能運動或做體力活，他會感到不幸。幸福依個人能力、特色和興趣有所相異。

如同「終身學習」一詞，我們必須不斷探索，去了解世界和自我。

最重要的是，只有明白自己所擁有的優點和眞正想要的事物，屬於自己的幸福才會有了方向。做符合自己性格的事，讓能力和欲求一致，就能發揮優點到最大値。我們必須透過教育確認自己的能力，並不斷努力改變本性。

無論是誰，透過長期覺察，找出與生俱來的欲望與能力後，那件事情就會從尋求樂子轉變爲邁向幸福的道路。

所謂幸福，即是藉由努力讓自己的個性和天賦一致後，方能達到的滿足感。

爲了達成這件事，必須了解自己想成就的事情中，只適合自己、只有自己能做到、只有自己會感到愉快的事情。**找出符合性格的事情，做出正確的選擇，是通往幸福最重要的出發點**。

”

好好想想該怎麼做，
人生才會更幸福吧！

“

09

別想像幸福與不幸

|情緒|

「想像力只能建造出快樂的海市蜃樓，
除此之外，別無他用了。」

東亞社會相當重視教育，普遍認爲聰明才能出人頭地、功成名就，然而智力卻不等於幸福。

叔本華認爲智力只不過是一項生存工具、一種爲了想生存下去的意志所產生的輔助角色罷了。智力雖然能爲解決生存問題扮演好角色，但是一旦問題解決後，就會停止運作。所以我們應該限制智力過度運作而產生的想像或記憶，才能獲得幸福。

叔本華認爲智能越是發達的高等動物，認知能力也越清晰，反倒徒增痛苦。所以世界上感受最多痛苦的是人，而人類之中又數天才承受最多痛苦，越是頭腦發達的天才越不幸福；越是擁有優異的心智能力的人，神經功能就越發達，對痛苦的感受更爲敏銳。他們的情緒變化起伏大，可能會因此加強不幸的感覺，難以獲得「心靈平靜」。

叔本華說的天才，並不單純指智力高的人。天才並不是IQ高，而是具有創意，並能創造出獨特結果的人。他們是拿得出成果讓人評價的少數族群，所以近來人們開始認爲，並不是智能測驗中拿到高分的就叫做天才。有一專欄《聰明人的十種徵兆》中是這麼敘述的：

「如同『鄧寧・克魯格效應』中指出，越是聰明的人，自信心越低，因爲他們知道自己不懂的還有很多。因此高智商的人會從多種角度分析問題，也往往會產生消極偏見，並從消極事實而不是積極事實中得出結論。」

此外，智力越高，通常越容易出現社交能力不足的情況，對人際關係不感興趣，只投注精力在自己有興趣的領域上。據說他們偏好孤獨，不太結交朋友，選擇不談戀愛、不結婚等，將人際關係縮到最小，選擇成爲邊緣人。

近年來這類的主張正好呼應叔本華的理論，他認爲越是一名天才，敏感程度和感性程度就越高，因此可能更不幸。

記憶和預見都是錯覺

叔本華貶低智力和理性的作用，強調人性本質上是非理性的。尤其是在幸福方面，人類的智慧會製造出許多錯誤的幻想。人類在快樂的基礎上建造了名爲「幸福」的高樓大廈，那是人類感受到大部分愉悅與快樂的幻影源頭，即使累積了龐大的知識量，也不能做爲解決痛苦的根本之策，反而會對過去的記憶和對未來的預言徒增不幸之感。人類誤認爲建築在快樂和所有幸福的幻想不在當下，而存在於未來。

《聖經．傳道書》第一章第十八節正好爲叔本華的想法作出解釋：

「因爲多有智慧，就多有愁煩；增加知識，就增加憂傷。」

思考死亡要比死亡本身更讓人煩惱，是因爲人類所經歷的痛苦大部分都是由想像力、回想、預期等知性活動而來。就「知道的越多，反而可能越不幸」這點來看，知識是無用的。幸福並不會和知識成正比。涉世未深的年輕人，反而可能比閱歷豐富、體悟欲望帶來貪心和滿足帶來空虛的老人，還要幸福。

靠人類知性能了解的部分有極限。因此頭腦發達的人並不代表一定幸福。雖然我們認爲理性和精神是人類的本質，但對叔本華而言，精神不過是「大腦」這個身體器官的一部分活躍時產生的現象。他將包含形上學和邏輯學在內的所有知性活動還原爲「意志」層面，來說明這個道理。

人的知性僅是有助於生存的道具，並不是幫助認識世界的道具。比如柏拉圖認爲人類能藉理性認識這個世界的本質——理型（idea），然而對叔本華而言，知性並不能幫助我們了解這個世界究竟由什麼組成、這個世界的目的爲何。知性彷彿蒙上「摩耶面紗」，就像我們無法正視事物原本面貌一樣。

叔本華使用的「摩耶面紗」一詞出自於印度婆羅門思想。原是用拉下窗簾後，因被遮掩的關係，導致看不清楚事物，來比喻婆羅門的光芒受摩耶面紗掩蓋之現象。因爲這道面紗，人類看不清事物本質，分辨不清因果法則（根本律法）、空間與時間等。對叔本華而言，知性無法認識這個世界的本質——意志。

理性不過是在意志被客觀化的階段所形成一項有助於生存的道具。決定人類行爲動機的，是無意識中想生存的意志，可以說叔本華的想法，與榮格關注欲望裡的黑暗陰影或佛洛伊德的理論脈絡相通。要是依賴知性活動，我們將會犯下在過去的「記憶」和未來的「希望」中尋找幸福，而非從現實中尋找的錯誤。

別回頭，別探頭

人類的生活深受「幸福」幻象迷惑。許多人否認痛苦的現實，活在過去的記憶或對未來的期待中。人的生命之所以比動物要痛苦，是因爲人有認知能力。

「以前很好啊……」
「未來也一定要順利啊……」
我們經常習慣性撒下不幸的種子。
現在是時候變幸福了。

不去想太多也是一種方法。我們得抑制對幸福或不幸福等所有相關事情的想像力。過度的想像力、推測、記憶都是不幸的種子。**別迴避現實的痛苦，把幸福寄望在未來，也別過於執著在過去的痛苦上**。叔本華說：

「最重要的是，別構築太多海市蜃樓。辛苦堆砌的高樓大廈，如果邊嘆氣邊重新打掉，代價實在太過巨大。且先不說這個，很簡單的一句話：不要事先擔心。先別去想像根本不知道會不會發生的災難。」

人總會思考以前發生的事和未來要發生的事。因此所有事情都會被放大，擔心、害怕和希望都變得比實際的快樂或痛苦要大上許多。但是人又因爲反省和隨之而來的心理作用，產生比一般動物的快樂或痛苦感更上一層的「幸福」與「不幸」感受。這樣的性質和短暫的歡喜有時會讓人陷入快樂到要死掉的情緒中，或者陷入絕望，決定自殺。

動物能滿足於小事上，但人則以快樂和痛苦爲基礎，發揮自己的想像力，建造出所謂「幸福」與「不幸」的摩天大樓。對人而言，痛苦的量比快樂的量還多，是因爲人明白終將一死的事實，所以痛苦的量又增加了。爲此，人的心會歷經巨大的情緒變化，且這些情緒波動的持續性特徵可以從臉部讀出。

身處在快活又愉快的時光裡，卻板著一張臉不知珍惜；等到痛苦找上門，才懷念並感嘆過往的美好時光。我們不該運用多餘的想像，重新回想自己以前所遭受的不公平、損害、損失、名譽毀損、冷落、侮辱等，反而應該盡量讓所有不愉快的事如過眼雲煙般消逝，用平淡且冷靜的視角看待，至於憤怒，也需要加以控制，若不遵守這樣的原則，即使有了財富和權力，也會覺得自己十分悽慘。

”
別糾結於過去的幸福，
別推遲未來的幸福。
“

10

痛苦總量守恆定律

| 死亡 |

「自殺並不是在這悲慘世界上獲得實際救援，
只不過是獲得了個不像樣的救援，
完全和最高的道德目標背道而馳。」

不少人認爲從痛苦中解脫的方法就是死亡，也有許多宗教研究了從痛苦中解脫的方法後，將死後世界分爲地獄和天堂。

當現實生活沒有活下去的價值，也許會想透過死亡獲得救援或解脫，但叔本華認爲這終究是失敗的結局。因痛苦並不會因爲死亡而減少，反倒會增加。尤其自殺不能改變任何事，不會減少生命的痛苦，卻會使周遭人的痛苦增加。試圖透過死亡完全消除生命的痛苦是十分愚蠢的事。

即使如此，當碰到自認爲是人生最大痛苦的狀況下，能脫離問題的自由選項即是死亡。再有智慧的人也無法避免大腦和肉體因老化變得衰弱，等待諸賢的命運終究是死亡，因此我們的生活中一直存在著死亡的誘惑。

日出月落，與我無關

自殺乍看之下彷彿是打擊盲目想存活之意志的英雄舉動，但那只是個人的錯覺罷了。

即使幾個人消失，組成這個世界的意志依然不變；即使個人痛苦消失了，但世界的痛苦總和並不會改變。即使某些人的生命消逝，但不受個人意志影響出生的後代子孫，仍會不斷塡滿那些空缺。因此自願崩壞，只打算消除自己痛苦的自殺行爲很傻。

「就像形成彩虹之中的其中一顆小水滴，就算再怎麼替換，彩虹本身仍然存在，絲毫不受影響地留在那裡。」

叔本華比喻的彩虹與水滴呈現了整個大自然並不會爲單一個體的死亡而傷心。宇宙間滿滿對生命的意志，絲毫不受一個人的死亡所帶來的打擊影響。大自然不是爲了單一個體，而是爲了保存整個種族，所以努力播下無數個花朵種子，釋出數千顆卵。

即使水滴消失了，彩虹依然不變。**我們得明白自己的死亡並不會讓世界有所改變**。以整個宇宙來看，單一個體完全沒有意義。個人隨時可以被犧牲、隨著命運消失，大自然並不爲人的死亡哀悼。全宇宙和種族永續生存，但每個個體都是無常的。「死亡對大自然來說，就像是一場遺忘個體性的睡眠」，這世界對每一個人的死亡都是無情的。

死亡不是解決痛苦的方法

受當時流入歐洲的印度思想影響，叔本華將自己的愛犬命名爲「阿特曼」。

阿特曼是印度教基本教義之一，本爲「呼吸」之意。會呼吸的生命體「阿特曼」指的是「我」，代表內建在個人裡頭的原理，而「婆羅門」則是宇宙的終極原理。因此阿特曼與婆羅門可說是分別代表小宇宙與大宇宙，並且產生人類不過是形成這個宇宙的其中一個「個體（我）」，另外還有囊括這些小宇宙的婆羅門（大宇宙）的認知。

尼采《悲劇的誕生》中，將希臘神話裡半人半獸的西勒努斯故事與其智慧描寫得很好。森林之神希勒努斯針對「什麼是最好的？」一問這麼回答：

「我無法獲得最好的——不誕生、不存在，『無』是最好的。然而我可以獲得次佳的——馬上死亡。」

比起死亡本身，人類在思考死亡時感到更痛苦。對現狀抱持正面態度的人期待生命無限，但對死亡的恐懼卻能趕跑「現在」，給人一種彷彿現在不存在的錯覺。所以許多人活著是因爲對死亡的恐懼感，而非對生命的熱愛。

大概很多人都曾出現過這樣的想法：「要是我沒出生在這世上就好了。」並且為了消除這樣的痛苦，覺得「趕快死掉」是最好的辦法。雖然出生是無可奈何的，但自殺是我們可以選擇的。套句伊比鳩魯的名言：「死亡對我們來說什麼都不是。」我們存在時，「死亡」不存在；而死亡存在時，我們亦不存在。人一死，所有感覺和意識也都一同消失，所以雙眼一閉後，再無快樂也無痛苦。死亡不值得害怕。

無論是想從死亡的恐懼中脫離的宗教，或自願死亡的自殺者，兩者看起來雖然完全相反，但就希望解除生命痛苦這點來看，其實是一樣的。沒有勇氣過亮麗人生的人選擇自殺，但不代表他們否定生命本身。

許多人過得艱苦，夢想當他一死就能到一個無病無痛的世界。所以人們相信神、相信宗教。然而，闡釋死後世界的宗教並不能解決生命充滿痛苦的問題。人們嘴裡說「要是我沒出生就好了」，感嘆人生、否定人生，但最後的解答並不是盡快去死。所以相信宗教並不能帶來解答。

人們想藉由自殺、涅槃（譯注：佛教用語，意指從痛苦中解脫的狀態）、「無意志的平靜」

達到解脫。眾多宗教和科學人生試圖解析死亡，但至今仍未有明確說法。恐懼死亡制約了對生命的意志，是哲學的開端，也是宗教的起始。相信不死之說，其實是無法接受死亡的恐懼。

自願死亡並不只是四十世代的事情。當整個世界變得越艱難、越無情，想藉死亡擺脫現實痛苦的人就越多。然而死後世界裡什麼都沒有，不可能藉由宗教消除這些現實痛苦，**重要的是承認現實世界的痛苦，培養承受痛苦的力量**。

佛教有句關於人生的體悟——「一切皆苦」。深受印度哲學影響的叔本華所提出的痛苦解法並不是「解脫」，他認爲我們可以抱持著「要是我沒出生就好了」的想法，然後忍耐。

”

痛苦總量守恆定律適用在每個人身上，

只是無法預測何時、何地、經歷多少罷了。

承認現況吧！

“

11

每段人生都是場受難記

｜對生命的意志｜

「若逃避是勇氣，
那大概沒有比決心自殺的人還要勇敢的人了。」

世人以爲叔本華是厭世主義的哲學家，讚美自殺行爲，也許是因爲叔本華在思考人生有無意義時，留下了這些字句的關係吧？

「不有無數英雄和諸賢自己選擇結束生命嗎？」

「懂得明辨是非、願意誠實面對的話，也許會選擇完全不存在，而不是期待重新破解人生課題吧？」

但其實叔本華害怕死亡，根本不敢自殺。

人類的靈魂很難否定「對生命的

意志」。乍看之下自殺像是否定生存本身，但這是因爲精神的痛苦已經嚴重到無法感受肉體痛苦的關係。

自殺並不是否定生命本身。這個行爲其實是肯定生命，展現出對生命的強烈執著和希望。叔本華認爲，自殺反而是證明一個人對生命的無限熱愛。正因太愛人生，那份絕望感才會讓這個人選擇以自殺了結生命。因狀態實在太悲慘而走上絕路，也許就如同哈姆雷特一樣勇敢的結局。叔本華說：

「人一定都曾經期望明天不要到來。」

只要是人，肯定都曾像叔本華一樣感嘆自身際遇，但反過來說，正因這類牢騷，讓生命成了最美好的事物，哲學家萊布尼茲曾說這個世界是「可能出現的最佳世界」，我們說「不想活了」，恰是太想活下去的意思。

我們得理解，
就是想好好過日子想得要命，
才會想乾脆一死了之。

肯定生命的行爲

叔本華認爲自殺並不是否認生命，反倒是肯定生命。自殺僅是否定生命的意志所帶來的痛苦，並非否定想存活下去的意志本身。爲什麼我們難以否定生命？這是因爲我們的知性難以否定意志。大腦是身體的一部分，很難否定將人類意志客觀化的整個身體。無論用何種方式，即使心靈試圖自殺，我們的心臟仍在跳動；甚至人在死後三天，頭髮仍會長出來。想活下去的意志就是如此堅韌、強壯。心靈死得快，但身體卻不會那麼快死去。

許多否定生命行爲的型態，包括自殺和解脫，反而是肯定生命的行爲。自殺也並不是否定生存本身，僅否定因生存帶來的痛苦。他們只是無法好好享受生命，因此嫌惡、後悔，所以感受到生命的痛苦。明明希望能永遠活下去，所以想滿足身體欲望，但卻因爲各種不順利，讓生命出現痛苦。自殺者其實很想過得風風光光，但卻做不到，他們只是不滿意自己所持有的生命條件罷了。自殺者因無法阻擋那股生命意願，所以決定不再活下去。有一件我們不斷重複說明的事可以確定——自殺並不會爲這世界帶來任何變化，如同彩虹裡的水滴、大海的波浪。自殺是愚蠢的。

叔本華僅是試圖藉由否定對生命的意志，進而消除意志帶來的欲望與煩惱，他並不想消除生命本身。舉例來說，貪吃容易變胖、導致身體不健康，所以我們可能會選擇減肥，但不是不吃東西，因爲想吃東西的欲望本身並不是壞事。同樣道理，**死亡僅會減少生命帶來的痛苦，但並不會消除生存意志本身**。

生命的型態是無限的「現在」。時間如同不停流動的河水，人類則是隨流水沖走的存在。在永恆時間裡，人類的生死彷彿「虛無縹緲的夢」。基於這項觀點，否定世界的自殺行爲是無益的；基於不會改變任何事情這點來看，自殺是愚蠢的行爲。

不存在，就沒有幸福

很多時候自殺者其實是期待有人關心，甚至還會發出求救訊號給其他人。感到挫折，反而是在告訴大家他對生命抱持希望。

韓國的自殺人數持續攀升，是目前OECD國家中，自殺比例最高的國家。自殺的原因有百百種，有些人因爲厭倦生活、沒有希望了，或得了不治之病，但也許可以說是因爲他們強烈希望追求更美好人生的想法受挫的關係。他們認爲自殺是爲了從世界的痛苦中脫離，否定自己的生命；希望自己不要再出生在這世界上，想永遠離開。

然而「想死」的人，恰好有「想活下去想得要命」的心態。大概是太眷戀生命，所以非常失望與痛苦。沒有欲望的人，也沒有失敗的痛苦，當然也沒有自殺的理由。自殺的人之所以選擇自殺，可說是他們對生命的希望、眷戀、期待太高的關係。因經濟問題自殺的人，若他有充分的金錢，大概就不會死了。

「要是活得好好的……」

「要是更健康一點……」

「要是沒有債務纏身……」

倘若生命不那麼令人難受，是不是就不會自殺？所以若各位身邊有人考慮結束生命，我們得同理他們的心情，試想他們曾多拚命地想活下去。

引領他們走向死亡的，是努力活下去的過程中產生的痛苦所致，並非他們想活下去的意志本身。

只要活著，我們絕對無法否定想活下去的意志本身。叔本華說：

「我們的人生事件就像大片的馬賽克一樣。近看無法辨識，退到遠處方能知其美麗。」

如同叔本華所說，單看一個人的生命，通常有許多傷心事，但仔細一看其實很可笑。

每個人的生命皆不時被希望與恐懼籠罩，這不過是偶發事件，所以近似喜劇；然而個人的希望未被達成，努力和希望變得無意義時，最終走上死亡，這是悲劇。我們在人生舞臺上扮演悲劇人物，但仔細一看，我們其實是每天都爲不同事情煩惱、擔心的幼稚喜劇演員。

我們應保持平衡，別把人生看得太單調。

”

人生就像不管如何必須收尾的作業一樣，

所以挺得過來就是件很酷的事。

“

第三章

該用什麼填滿內在？

叔本華的幸福論

12

幸福的百分之九十取決於健康

｜健康｜

「健康的乞丐比生病的國王還要幸福。」

如今有許多人拿錢和健康交換。叔本華認爲幸福的第一要件是健康，犧牲健康來追求其他事物是非常愚昧的事。人的幸福大部分仰賴健康，倘若身體不健康，其他事情自然也不愉快。所以身體必須健康，心情才會好，才能忍受一般常碰到的困難。

有些人一輩子致力於維持身材，卻英年早逝，卻也有人一輩子只吃泡麵、吸菸喝酒，仍然活過九十歲，你要選擇哪一種人生呢？即使活得短暫，但若是有錢人，有的人還是會心生羨慕，但一定也有人羨慕活得長久的人。

可是人一死，家財萬貫又有何用？叔本華聽了古羅馬詩人尤維納利斯寫的其中一句詩文「有健康的身體才有健康的心靈」後大表贊同，他同樣認爲健康長壽的人更幸福。叔本華說道：

「想知道人生多麼短暫，就得活得長長久久。」

努力保有健康心靈

叔本華翻閱某本古籍時，讀到「常笑之人幸福，常哭之人不幸」的句子。健康的人之中一定有許多樂天的人，這表示他們擁有較少壓力。可能是與生俱來的氣質，也可能是後天個性改變。笑也是一種能力，而經常保持笑容也是天生氣質之一，不常笑的人即使再怎麼努力，也不一定就能變得笑口常開，因爲性格是極難改變的。

健康和「高尚性格」「優秀大腦」「樂天氣質」以及「開朗心態」一樣，同屬人類主觀的資產。其中最能讓我們感到幸福的因素是開朗心態。開朗的心態並不是外在的金錢或名譽，它是一種健康。因此別費心從外在尋找好東西，應先致力於維持自己的健康。這點可以透過運動達成。

亞里斯多德強調「生命的本質是運動」，並說「所有有機體應不斷運動」。心臟透過舒張和收縮不斷進行血液循環運動。若不運動，成日維持坐姿，就會打破健康循環，破壞內在穩定感。

我們的幸福受開朗心情影響，而心情則受健康狀態影響。即使是同樣情況，只要身體健康無虞，心情就會美好，生病了，自然心情煩躁不安。叔本華說：

「即使是樹木，想茁壯還需要風的幫忙；人類要保持健康，則需要運動。」

「對幸福造成最直接影響的是開朗心態。」

開朗，才能過得好

別用年輕、外貌、財富、名譽等來評估幸福，應檢視一個人有多開朗。心靈愉快的人自有他的理由。金錢一定有助於培養開朗心情和正面思考，但這不代表富裕就能帶來滿足，窮困也不代表完全不幸福。可是無論如何，健康是必要條件。

爲了保持開朗，我們得時刻維持健康。最好讓身體時刻保持最佳狀態，避免處在有過度壓力的環境中，每天花兩個小時在戶外運動，也要花心思在食療上。

讓我們幸與不幸的並非事物的客觀化樣貌，而是我們感受事物的結果。即使是同樣情況，健康的人和生病的人想法不盡相同。若我們的幸福「百分之九十取決於健康」，那不就更應盡全力維持所有快樂的源頭，也就是健康嗎？如果不健康，就會氣餒、感覺自己十分渺小，即使掌握財富與名譽，也無法眞心享受。

爲了其他事情犧牲人類幸福中最重要的健康是很愚笨的。沒必要爲了升遷、名譽、念書等傷害健康、過度疲勞。有了健康，才有其他所有事物。

當我們開朗又豪爽，世界上所有事情都會變得令人開心。樂天的人，就算十件事情中只達成一件，也會感到開心；憂鬱的人，十件事中達成了九件，也開心不起來，因爲他們會爲了失敗的那一件事極爲傷心、發脾氣、感到氣餒。開朗的人，即使碰上不幸的事，也不會隨便發脾氣或感到挫折。這種差異和父母親的氣質有很大關連，不過我們仍可以藉由努力運動維持開朗的心情，只要讓心臟和血管、肌肉更加強壯，即使是具有憂鬱氣質的人，也能多少過得輕鬆一點。

俗話說四十歲以後的長相得自己負責。我們必須努力時常保持笑容，更重要的是藉由運動保持身體健康。要知道一個人有多幸福，就看他是否開朗，就算這個人只是一名乞丐，倘若他能隨時大笑的話，馬上就能看出他的幸福指數。我們得一直保持正面心情生活，時常掛著笑臉。

“不是因為幸福而笑，
是因笑了所以幸福。”

13

沒有平穩心態，就沒有幸福

| 平常心 |

「打開一個想法的抽屜時，必須先把其他抽屜都關好。
這樣才不會因為重重壓在心上的一項擔憂，讓現在微小的
喜悅變得更渺小、失去心靈平靜，
也不會發生一種想法趕跑其他的想法，
或是為了擔心一項重要事情，而疏忽其他細微的小事。」

對人類的幸福而言，重要性僅次於健康的就是心靈平靜。叔本華將人類心靈狀態比喻爲被綁在轉輪上的伊克西翁。

希臘神話中的伊克西翁原是住在希臘特薩利地區的拉庇泰族國王，是一名將向他要結婚聘禮的岳父狄奧尼斯推向火坑的殺人犯。希臘眾神之王宙斯赦免他的罪刑，招待他至眾神居住的奧林帕斯山，伊克西翁卻迷上宙斯的妻子赫拉，不斷搭訕赫拉。妻子告知這件事後，不可置信的宙斯用雲創造了一個和赫拉長得一模一樣的女神，伊克西翁帶走那名女子後，還四

處宣稱赫拉是自己的。勃然大怒的宙斯最終對伊克西翁施以火輪之刑，命其永遠吊在火輪上轉動。

人類像被綁在轉輪上的伊克西翁一樣，受生命意志的支配而不停轉動。被綁在燃燒的車輪上轉動，心裡該是多麼不安？心靈無法平靜，就絕對無法獲得眞正的幸福，所以我們必須努力讓伊克西翁的轉輪停下來。

叔本華追求的幸福，以消極的立場來談，即是「心靈的平靜」。這和斯多葛學派主張的「不動心」是一脈相通。不動心，指的是無欲無求的禁欲境界。藉由從感情中解放，達到平靜境界，叔本華也教我們必須透過平靜心靈以變得幸福。爲了消除感情、獲得平靜，重點在於盡可能減少影響心靈的事物。

找到心靈和諧的四種方式

人際交流多了，可能使我們因一些無法預期的事受傷，也會嫉妒、眼紅。不僅在職場相關的場合，在同學會等私人場合，自己也可能會不小心說出傷害他人心靈的言語，比如炫耀金錢、子女、房子等。

爲了變得幸福，在這類影響心靈的環境下，一定要找回心靈的平靜。控制飲食，身體就能健康起來；減少外部刺激的比例，就能獲得心靈平靜。

第一，清理不必要的人際關係

最有效的辦法就是減少和他人進行不必要的交際。因爲和沒有對話價值的人見面，可能會發生打擊心情的情況。重點是別和他人比較、別嫉妒，守護自己的自尊心。

不過，切斷所有人際關係，反而會受無聊、枯燥的心情所苦。只要避免做得太極端，減少來往的人際範圍，讓自己的生活方式單純一點，就能減少讓心靈受影響的情況。叔本華曾說，維持在不無聊的程度下，讓人際關係變單純，使生活方式變得單調，才能變得幸福。

第二，小心嫉妒心

嫉妒雖是人類自然的情緒，但仍不要將自己和他人做比較。叔本華引用塞內卡的話：

「我們別將自己的東西和別人做的比較，就去享受吧！看別人幸福就覺得難過的人，絕對無法幸福。」

也可以試著看看比自己情況差的人，不要看比自己好的人。看看他人的痛苦遠勝於自己的，是非常有效的安慰方式。父親過世後，叔本華和母親處不好時，他經常寫信給朋友安提梅，感嘆自己的處境，而安提梅則安慰叔本華：

「想想還有比你更不幸的人，忍忍吧！」

第三，別抱持太大希望

我們偶爾後悔「自己要是沒有出生就好了」。我們渺小如宇宙的一顆塵粒，但仍需感謝自己活著、存在著：「要是我不存在於這個世界，也沒辦法這樣感嘆了」。即使夢想破裂、歷經失敗，大概也會比不出生要好。叔本華說道：

「我們的生命不過是一個極小的點。」

第四，明白世界上有許多謊言

這世上有很多沒眞本事卻反而更受尊敬的情況。很多教授知識的學校或廣布宗教的團體僅有光鮮亮麗的外表。在虛假外表凌駕於眞材實料的世界上，眾人皆用外在去判斷幸福。然而**幸福並不在於那些輝煌燦爛的外表中**，它無法像其他知識一樣在學校能習得，也無法在宗教團體活動中表現虔誠就能體驗到。叔本華說，想知道誰是幸福的人，應先檢視悲傷，而非快樂。

「爲了了解幸福的核心，應了解什麼事讓人痛苦，而非哪些事情讓人開心。」

當我從束縛中獲得自由，
就能感受祥和的靜謐。

和讓自己不安的事物說再見

斯多葛學派是追求心靈平靜的代表性學派。他們主張世上發生的所有事件皆是依宇宙自然法則所發生，一切皆是註定好的。若我們因某些事感覺不幸，則是因爲「偶然（運氣）」關係。然而若能將變老、死亡、日常發生的傷心事當成必然，就不會難過了。若將世上那麼多事情想成一切皆因偶然發生、人生就是不停歇地歷經痛苦，把它視爲命運所致，將能減少不安或擔憂。

爲了變得幸福，影響心靈的情況皆須減到最少。其實，若不想變得太不幸，**只要不要求變得太幸福，就是最有效的方式**。和越多人見面、朋友越多、喜歡的人越多，希望和欲求的接觸範圍就越大，招來不幸的機會和環境自然也會變大。說到底，其實人類的幸與不幸仍在於決心。活得單調、單純也許並不容易，爲了簡單過生活，我們應時刻具備能承受知性生活的精神素養。

假使心靈的平靜就是幸福，那我們應讓心靈維持「平靜湖面」的狀態。不僅減少外部刺激，也需要小心愛比較的情緒、嫉妒、眼紅、過度期待和希望。**讓心**

靈波濤洶湧就不是真正的幸福。我們必須好好控制欲望的波動，讓伊克西翁的轉輪停下來。

心靈平靜即是沒有痛苦的狀態。聰明的人類致力於維持沒有痛苦的狀態、不受折磨的狀態，努力獲得穩定及餘裕的同時，也得從欲望的波動中解脫，所以我們必須懂得用客觀角度看待世界。當伊克西翁的轉輪停下來，就能到達伊比鳩魯學派所說的「完全幸福」狀態，也就是不存在情緒起伏或混亂的平靜狀態——不動心。

“

清理周遭，讓內心靜下來，
更好的事物就能找上門。

”

14

培養藝術細胞

｜觀照｜

「音樂是非常偉大、極為精采的藝術。
它為人類內心深處帶來真正巨大的影響。」

這個世界充滿生命的意志，所以痛苦萬分。我們無法脫離「生命意志」這片充滿欲望和痛苦的汪洋。即使死亡也無法完全消除，因痛苦的世界是不變的。

叔本華從藝術中尋找減少人生痛苦的方法，他喜歡貝多芬的交響曲，因此在《作爲意志與表象的世界》一書中分析過音樂的形上學價值。他認爲從痛苦中解脫的方式，就在藝術的美學觀照與音樂裡。

在大自然面前，人的痛苦什麼都不是

我們欣賞美麗風景或作品，或者聽到好音樂時，心靈會沉澱下來。對叔本華而言，藝術所扮演的角色不只是暫時慰勞生命痛苦的逃避好去處，而是讓我們認知到痛苦的原因，也是世界根源的「意志」。

比如當我們靜下心來凝視自然風景，將會深陷其中，呈現心靈完全淨空的狀態。脫離對生命的意志，大自然和人類心靈合而爲一。沒有意志，沒有痛苦，形成超越時間的心靈狀態。

若科學用因果律（法則）來說明世界，那藝術就是呈現世界的永遠樣貌，柏拉圖稱之爲理型。我們必須懂得不帶任何目的，純粹欣賞某件事物。

在完全投入大自然這個客觀的狀態，就能忘記個體差異，看見理型的世界。叔本華舉例，無論是國王、罪犯還是乞丐，忘卻自己的身分、欣賞同一道美麗風景時，就能暫時脫離生命的苦楚。當我們脫離痛苦的自我，以單純的心靈和某個對象合而爲一時，痛苦的世界就會消失了。

當雷聲壓倒暴雨聲和海浪聲時，我們稱此時的感受爲崇高之美。而當夜幕升起，布滿繁星之際，我們感覺自己變得渺小，彷彿消失不見時，這才明白這個世界和客觀是無關的，亦即只有我們的心裡能感受到痛苦。

所謂美的觀照，代表不帶任何目的來看待世界。如果只想著利益，世界的美就消失了，就像爲了身體健康而爬山的人，看不見綻放的花朵一樣，因爲站在健康觀點時，就看不見自然的美麗。只有心靈淨空時，自然的美才能映入眼簾。

美的觀照是暫時脫離地獄般的痛苦狀態，端看事物原本樣貌。當我們對生命不帶任何欲望、毫無關心地看待這個世界的美麗時，才能發現它的美麗是永遠不變的。

音樂讓意志產生共鳴

眾多領域中，能凌駕意志之痛苦，擁有最清晰力量的藝術形式即是音樂。叔本華表示：

「意志最直接的表現方式即爲音樂。」

音樂不同於繪畫或雕塑藝術，它並不是模仿或重現。我們聆聽小提琴樂聲而深受感動，是因其旋律打動我們的心。音樂將位於世界深處的意志直接傳遞到心裡。因爲音樂正是「模仿意志本身」。

以床來爲例，有床的設計圖，也有模仿這張設計圖的床，而繪畫則是模仿再模仿。眾多作品或藝術皆屬於模仿的形式，然而音樂卻不經過模仿程序，直接打動人心。音樂不需經過思考，就能直接傳遞美麗的感動，甚至有很多音樂是即使不知道歌詞，也能在心裡掀起共鳴的漣漪。這就是旋律吸引人之處。

生命的意志、欲望本身即是在身體裡運作，所以難以控制。音樂則能讓欲望的浪濤變緩和，穩定好那艘浮在欲望汪洋上的小船。我們的情緒透過音樂變得乾淨，彷彿暴風雨後的晴朗天空。

欣賞美麗景致、藝術作品、聆聽古典樂，就能從勞動的痛苦中解脫，進而享受其中。尤其音樂是「意志的直接呈現」，能爲內心帶來深深的感動。即使聽不懂歌詞，壯麗的歌劇表演依然能帶給人們相當大的感動，沉浸於音樂中能讓人忘卻痛苦的現實。

這和亞里斯多德提出的「淨化作用」有異曲同工之妙。他將觀賞悲劇的體驗做爲淨化作用的主要內容。這類體驗的本質是藉由將人類帶往極限後，反而會脫離該處境，轉爲歡喜情境。在極爲悲劇又負面的體驗中，人類感覺到自己的極限和無力。然而恰好在那個瞬間，反而從理性的拘束中脫離，體驗到更自由的超脫。觀眾對角色經歷的狀況或悲慘情況產生共鳴的同時，也能消除累積在他們心裡的不安、憂鬱、悲傷等情感。這就是希臘悲劇藝術帶來的心靈淨化作用。

叔本華對音樂的看法，也延續到尼采的藝術哲學。尼采建立一套二分法，命名爲「酒神精神」和「太陽神精神」，並分別用旋律與歌詞做比喻。如同希臘神話中代表葡萄酒之神的戴歐尼修斯歷經多次死亡與重生一般，人類也會藉由醉酒經歷遺忘生命之苦，且不斷反覆。脫離虛幻的生命時光，培養出從更寬廣角度看待痛苦的眼光。

「也許我們能稱藝術爲生命之花吧！」

叔本華建議，當人生痛苦到無法忍受時，就去聆聽古典樂。歌劇需要理解歌詞，但室內樂或管弦樂則不需要。古典樂彷彿是一條讓我們可以直接感受「世界即意志」的通道。藝術讓我們能直接體驗世界即意志的事實。

華格納一八五四年在瑞士初次閱讀叔本華的著作，當時叔本華已是享譽盛名的哲學家。華格納反覆拜讀《作爲意志與表象的世界》，十分尊敬叔本華，然而叔本華卻貶低華格納爲「不懂音樂的人」。華格納在叔本華去世的一八九六年造訪法蘭克福，卻沒能去拜訪叔本華。就連主宰德國音樂界的華格納，也沒有自信去叔本華的墓前致意。即使如此，他仍然尊敬著叔本華，寫下「我很感謝叔本華」的話。據說他的歌劇《崔斯坦與伊索德》就是一部如實呈現叔本華思想的作品。

眾人皆知音樂具有療癒效果。能暫時卸下疲憊包袱的其中一項方法就是聽音樂。喜愛古典樂是最好的，但最近音樂的類型本就多采多姿。無論是黑膠唱片、CD、YouTube線上音樂等都好，聽著自己喜歡的音樂，就能療癒生活。

此外，先將金錢、成功及利益拋諸腦後，靜靜凝視這個世界的美麗風景或藝術作品吧！我們可以藉由藝術，沉澱人生的欲望或折磨。

”大自然和藝術能解放我們。“

15

將人生重心由外轉內

｜享受｜

「只要能每天、每個瞬間都是自己，
就這樣一輩子下去，那我就再也不需要任何東西。」

人類能依自己天生的優勢選擇最適合的事物。享受人生的方式有三種：

第一，循環的喜悅：吃、喝、消化、休息、睡眠需求等。

第二，肉體的喜悅：散步、跑步等各式運動、狩獵、戰爭等。

第三，精神的喜悅：思考、閱讀、藝術、冥想、哲學等。

叔本華已經明白這三種喜悅。他吃好的食物，維持健康並享受音樂。他也比任何人都重視閱讀和哲學。他不忽略任何一項喜悅，保持平衡。

決定人生品質的一件事

即使這三項喜悅都很重要，每個人仍有自己享受人生的重心差異。按照每個人的能力，幸福的方向也有所不同。叔本華將人分爲三種類型：

第一，平凡人

將重心放在外面，追求滿足。比如仰賴擁有的物品或地位、理性與知識、朋友或社交圈等，滿足感全仰賴於外在。

第二，心智水準普通者

喜歡實用性學問，重心裡外皆有。大部分藉由植物學、礦物學、物理學、天文學、歷史學等享受喜悅，偶爾練習繪畫藉以填滿不足之處。

第三，心智能力卓越者

藉由最高尙的享受方式將重心完全擺在內在。對事物的存在與本質抱持興趣，藉由藝術、文學、哲學等創造自己的獨到見解。

精神層面未具備高尚需求的人，無法在閒暇時間享受理想事物帶來的樂趣，慢慢陷入無聊的泥沼，很快就會在現實中感到疲憊。叔本華稱之爲庸俗之人。

心智層面極爲發達的人不懂何爲無聊，他們總有不同的新興趣和多采多姿的思考方式，享受充滿活力又有意義的生活。想學更多、研究更多、思考更多的欲求越強，越能盡情享受自己的休閒時間。

每個人享受人生的方式因各自喜好與能力而有所差異。亞里斯多德說「幸福就在閒暇時間」，蘇格拉底稱讚「閒暇時間是人類擁有的最美好事物」，幸福時光是不需勞動的自由時間。亞里斯多德強調「所謂幸福的生命是不受任何妨礙，盡情展現能力之生命」的意義，在於從三種享受人生方式中，選擇不受任何妨礙，能發揮自己優越之處的事物。這就是幸福的條件。

哲學家的人生，是最幸福的人生，亦即知性能力豐富，過著彷彿懂得自我思考並判斷的「唯我獨尊」的生活、具備用多樣視角看待世界的人。就培養自我思考的力量上，哲學扮演非常重要的角色。

人生取決於人格，人格取決於內在，
該用什麼填滿內在？

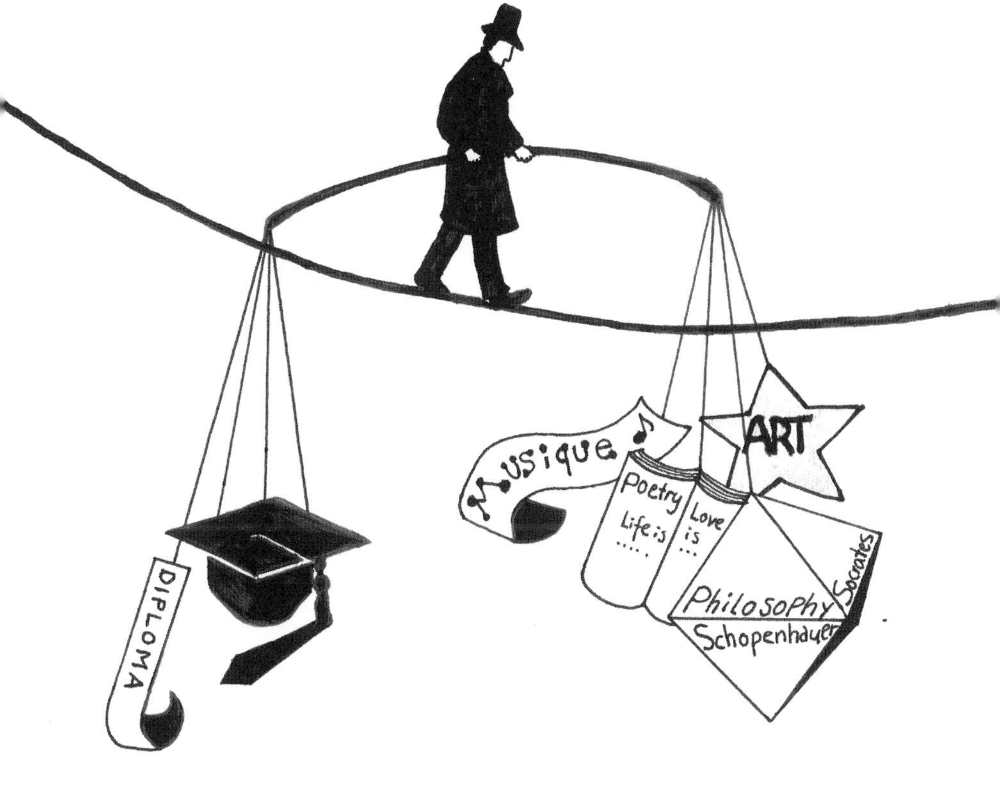

別受他人妨礙

人人都希望擁有自己的時間，但在公司裡因其他同事搭話、被主管交付工作、開會，總是忙得不可開交。回到家又爲了家務事忙得焦頭爛額，還得花時間在家庭聚會上。不僅如此，假日也忙著看 YouTube 或各種節目。時間就在吵吵鬧鬧、亂七八糟的情況下流逝。不僅大眾音樂，辛辣的新聞報導也過度刺激我們的神經。

小時候獨自一人會感到害怕不安，但年紀大了，獨自一人的時光卻是再自在不過了。二十多歲和三十多歲時，爲了累積歷練，努力認識他人而忙忙碌碌。然而到了四十歲後，某種程度上變得游刃有餘了，社會地位也穩定了，也就有了自己的時間。這是一個需要選擇和投注心力在珍視自己的時刻。**四十歲以後，應將生命的重心逐漸由外在移往內在。需要更覺察自己的內在，更深度地了解自己。**

生活重心在外的人追求出人頭地、升遷、名譽、財富等，成天忙著參加各種聚會、追求快樂；生活重心在內在的人花時間和自己相處，按照個人喜好親近藝術、詩歌文學、哲學等領域。這種精神層面的喜悅是庸俗之人不懂得享受的。

我建議各位減少和他人的見面次數，時常親近書籍，聆聽喜愛的歌曲，培養自我思考的能力。有機會的話，去參加美術展覽或演奏會，欣賞藝術家創造的作品，打造脫離人生煩惱的時光，也可以獨自爬山，訓練和自我相處。孤獨是能看到自己最眞實樣貌的朋友。四十歲開始應努力尋找不被任何人妨礙的平靜時光。

叔本華這麼說：

「你將會習慣說別人是『他們』，而非『我們』。」

”

將自己看得最珍貴。

“

16

人生苦短，而時間與能力有限

|閱讀|

「若能一併購買讀書的時間，那買書也許會是好事。
然而人們經常將『購買書籍』與
『將書籍內容變成自己的』這兩件事搞混。」

叔本華認爲幸福的必要條件是「素養」。可以培養素養的閱讀是非常有價值的，他是這麼闡述：

「與其說我們的幸福取決於口袋裡有什麼，倒不如說取決於腦袋裡有什麼。」

從無盡意願的痛苦中脫離的方法，是藉由對人生的知性觀照與閱讀、和思想家對話。哲學家能將事物看做知性對象，而大部分人則陷入自私欲望中，帶著扭曲視角看待事物。叔本華建議培養思考力的方式即是閱讀。

「吃進去的東西形成肉體，而讀進去的東西形成心智，變成現在的自己。」

想用哲學的方式享受，就得培養思考的肌肉。爲了獨立思考，閱讀是必要的，然而閱讀方向不同，壞處將多於好處。叔本華表示，讀書需要考量其優點與缺點。

讀好書的三項條件

最近我們連「思考」都可以交給大有進展的人工智慧。只要輸入幾個關鍵字，它就能替我們概括資訊，甚至提供解決方式，這樣的優點反而讓我們失去獨立思考能力。

昔日的德國似乎和今日的我們相同，不願覺察，只想獲得知識。叔本華生活的年代，學校寧願教授能賺錢的知識，而非哲學。他批評只爲名聲和外表死背簡略的概括內容後，卻假裝自己很聰明的錯誤環境。

在想法不足的狀態下閱讀他人著作很危險。讀了別人的文章，就很容易照別人的想法去實踐。

因爲我們熟悉那個人走過的思考路程，享受不需要自行思考的便利，終日讀書，自己的思考空間也會慢慢消失。就這點來看，叔本華建議的閱讀方式也適用於現代：

第一，閱讀經典作品

你可能不讀偉大的作家著作，只是讀一讀書籍介紹或評論就心滿意足，你可能更喜歡讀閒餘雜談或粗淺的懶人包，但是我們必須閱讀心智出眾之人所寫的作品。

第二，閱讀兩次

無論是什麼樣的作品，重要的書籍最好馬上讀兩次。如此一來才能更了解事物的來龍去脈，並且在知曉結尾後，才能確實了解起始段落內容。「作品即是某種精神的精隨」，體驗了千年不變的偉大精神，提升心靈素養，才能透過閱讀獲得巨大喜悅。叔本華表示：「反覆是研究之母。」

第三，避免惡書

叔本華指的惡書是僅爲賺錢所寫成的書籍。許多人寫文章賺錢，大眾卻傻傻地照單全收。我們應閱讀談論對事物本身之想法的書籍。親身思考事物再寫成文字的人，他們的作品才能獲得永遠的生命和不滅的名聲。此外還要小心抄襲的文章或編修而成的文章。叔本華如此比喻作家與讀者之間的關係：**「只沉溺於書籍的平凡哲學家和獨立思考的人，兩者的關係就如歷史學家和目擊者的關係。能獨立思考的人可以說出親自了解的事物。」**

君王式思考

學生時代爲了拿學分，閱讀領域通常局限於主修領域，隨著年歲漸長，看待世界的視野變寬廣，感興趣的領域也更多了。自己喜歡的主題更加清晰，很可能經常閱讀某個領域的書。更了解自己以前所不知道的個性、喜好或風格後，自然就會按那些興趣挑選書籍。

按照個人興趣和需要閱讀大量書籍，不見得就是好事。再多的知識都不如深度思考後，所得到的知識來得更有價值。過量的閱讀有礙於獨立思考。讀得越多，自己獨立思考的力量就越少。叔本華這麼表示：

「讀太多書的人不過就是吃了別人吃剩下的食物，穿了別人穿過不要的衣服。」

倘若讀了書反而被別人的想法牽著走，那就等同於失去了自我思考的能力。因此只有當自己思考的泉源堵塞了，才需要讀書。**獨立思考比閱讀更有價值**。缺乏獨立思考，只是接受其他人蒐集的見解，並不是眞理。所以叔本華十分謹愼，避免缺乏思考的大量閱讀。

「所謂閱讀，是自己不思考，讓他人代爲思考。」

閱讀是在他人的思考框架下一同思考。然而他人的東西並不會直接變成自己的東西。如果消化不良，只是白白浪費時間。靠他人力量輕鬆過日子的人將會失去自己站起來的力量。所以閱讀過多他人書籍，就如同麻痺心智的毒藥。

能獨立思考的人像個君王般，能親自下決定。他們提出的意見都是經過自行思考後得來的結果。懂得獨立思考的人，在這一點與君王十分相像。他們親自決定所有事情，跳過自己的事物一概不認同。彷佛君王的決定來自於自己的絕對權力般，從自我直接出發。君王不認同他人命令，而懂得獨立思考的人也不認同他人的權威。所以我們絕不能被各種權威和偏見扯後腿，錯誤的閱讀方式會讓人依賴這些外部權威。

地球上最大的幸福是自己的心田開花結果。眞正的思想家認爲爲自己思考才具有眞正價值，這才是最重要的。身爲哲學家，能獨立思考的人，他們生命的快樂與幸福就在思索裡。

叔本華認爲**讓自己想法成熟的方式並非大量閱讀，而是熟讀，**並且強調爲了將因爲閱讀而獲得他人的思想，轉換成自己的思想，最需要的是歷經長時間思索。就像人吃太多會營養過剩，書讀得太多也會減少獨立思考的機會。若完全不反芻並加以思考，就像直接走別人走過的路一樣。更何況，並不是讀了好書就能輕鬆習得自主思考的方法，需要有節制的閱讀。

"
藉由書本可以得知那個人走過的路，
但那個人走在那條路上看見了什麼，
就必須用我們自己的眼睛去看。
"

17

寫作風格是靈魂的長相

| 寫作 |

「很多時候，人類的想法沒有深度且單純，
無法勾出長絲線。」

思考是創造好文章的原動力，必須自己深入思考，透過思考得來的知識才是眞正的知識。寫作的重點在於，寫作風格是爲了用語言呈現獨立思考的成果。叔本華認爲文章的單純、純樸非常重要。

寫作是用語言將自己的想法表達出來。最好的文章不僅是用人人易懂的文字寫成，就連寫作風格也必須具備簡潔明瞭的特性。寫作時最需要小心的是將他人想法寫得像是自己的想法。這像是戴假髮一樣，把他人想法穿戴上，還裝成是自己的想法，炫耀自己博學多聞。此外，叔本華建議大家避免寫得模糊不清、艱難又抽象，應寫得人人都能理解。而這也是直至今日，寫作的重要美德。

良好的寫作原則

好的寫作原則，是寫得淺顯易懂。懂得獨立思考的人，不會使用虛張聲勢的風格。風格中有天生的特色，自然又樸實。叔本華曾說：

「要寫得讓所有人都無法理解，是再簡單不過的事。相反的，將重要思想寫得人人皆懂，那就是最難的事。」

我們必須單純又明確、清楚又簡潔地表達自己的思想。單純是眞理的特徵，也是天才的特徵。相反的，旁門左道的哲學家寫作風格不清不楚、曖昧模糊、帶有多重意義、舌粲蓮花、笨拙、生硬，盡寫一些沒用的話。我們應捨棄裝模作樣的表達方式、難以理解的用語、模糊不清的暗示，敘述得簡單明瞭又樸實。

我們應避免過度裝飾、不必要的修飾、沒有作用的點綴、過度描寫。如同閱讀過量、學習過量反而打斷思考，過多的寫作和教學也會搞砸知識與理解的明確程度與扎實習慣。

優秀的寫作者，即使被賦予枯燥乏味的主題，也有能力打造得有趣又津津有味。寫作最重要的並不是素材，而是表達能力。**對眞正的學者而言，學問不是手段，而是目的**。只有那些自己意識到研究的直接目的，而不擔心別人看法的人，才能創造出新的、偉大的見解。

別爲了別人寫得煞有其事，要爲自己而寫

近年來有許多靠寫作賺錢的方式，也有許多人在入口網站或部落格網站上寫文章賺錢。因爲在社群網站、部落格等處上傳文章，就有機會靠廣告收入或銷售成果賺錢。然而叔本華認爲必須小心這類的文章。

有素養的大眾，
成為擁有偉大精神的人吧！

完全爲了收益而寫作的人，是我們寫作時須避開的「寫作者」。他們藉由模糊不清的文章展現自己的樣貌，寫作風格裡少了果斷和明確。不過相反的，也有以自身經驗，將有價值的想法寫下來，傳達給大眾的人。叔本華稱他們爲「爲事物本身而寫的人」。只有爲「事物本身而寫」的人，他們寫的文章才有價值。

基於這點，又凸顯出偉大思想家所寫的書籍價值所在。天才不爲了錢而寫作，他們是「靠著將事物的全貌與偉大、本質上的東西、一般事物化爲自己成就之主題過日子的人」。

叔本華的立場，在如今運用電子媒體的時代看來也許有些老古板。即使如此，爲什麼這些話到現在依然有其意義？**答案在於「眞實性」**。YouTube 上很多影片爲了創造獲利，標題和實際內容相異。爲了刺激訂閱者的好奇心，講得誇大一些，從標題到內容都是虛假的。此外，也有拿別人的文章拼拼湊湊，創造成概略版的假知識文章。因爲內容不充實，只好拿刺激又誇張的虛假資訊充數。我們該寫的不是這種只爲了創造收益的文章，應寫出眞心誠意談論自己想法的文章。

寫作是記錄日常生活的好方式，也可以成爲創造收入的方式，因此最近開始受人注意。比文章內容或素材更重要的是表達形式，亦即寫作風格。再次強調**文章必須讓人容易理解，因此必須寫得簡單明瞭且具體**。反過來說，爲什麼艱難又模糊不清、抽象的文章應徹底被排除在外，正是因爲考量到讀者的理解能力。

雖然現在很難見到和叔本華一樣在寫作上堅持的人，但對於他提倡好文章的條件和方向，有許多論點是我們會產生共鳴的。爲了寫出好文章，絕對需要針對事物本身而非利益，來進行哲學式覺察。

”文章必須簡單明瞭並真誠，
才能使人產生共鳴。“

第四章

應成爲怎樣的人？

叔本華的關係論

18

爲了永恆而愛

｜本能｜

「愛會以許多不同樣貌出現。悲傷與歡喜，痛苦與快樂，
天國與地獄，能同時讓人經歷這些的，就是愛。」

愛、戀愛以及結婚，是人類長久以來一直延續到現在不變的話題。人們爲愛爭吵，甚至自殺，就連哲學家也會陷入結婚的誘惑。自私的人也會爲了愛而要死要活，難搞的人也可能瞬間陷入愛情，愛情總是令人無法預測。戀愛綜藝節目往往大受歡迎，少了戀愛情節的電視劇也會讓人感覺少了一味；出軌或懷有出生祕密這類有點衝擊性的素材更深受人們喜愛，顯見人類對愛情的興趣有多大。

談到「愛」，我們會想起青澀的初戀、暗戀。通常越是不圓滿的思念，越會完整地留在記憶裡，人們甚至會

將失敗的戀情美化爲「柏拉圖式愛情」，電影《初戀築夢101》不就非常受歡迎嗎？

愛象徵永遠活著

對叔本華而言，男女之間的愛基本上不是精神之愛，而是建立於肉體的關係。男女之間的愛情通常來自於本能。男女爲什麼會陷入愛情？乍看之下性格、經濟能力、學歷等個人條件看起來很重要，但其實是錯覺。在人生這座舞臺，每個人都是愛人的配角演員，舞臺劇本是爲了種族延續而寫。而人們不明白大自然的意圖或計畫，認爲自己是在尋找喜歡的人。

性欲在人類欲望中占的比例最大。這是想保存自我的欲望、在我們日常生活發揮最強烈作用的本能，大概是人類具有的欲中之欲。即使我們沒發現，男女之情最終目的仍是誕下後嗣，而前提是肉體接觸。

生命的意志在沒有任何目標或極限的情況下持續努力，其最高點就是繁殖。

抵達高點後，所有東西便急速冷卻、衰退。柏拉圖曾說「等到白髮蒼蒼，就能從不斷折磨我們的性欲中解放，這令人感到開心」。叔本華也說性欲使人陷入輕微的妄想中，只有性欲消滅了，才能完全找回理性。

大自然的新個體——後代子孫同樣爲了保全物種不斷相愛。人的欲望無法和身體分離，其中兩項較大的欲求是維持個體和種族繁衍。說到底，性欲的滿足並不是短時間形成的自我滿足。這並不只是超越自我生死、肯定生命，而是要延長生命的行爲。性的滿足，也就是我們經常說的性高潮，這種快感並非個人瞬間感受的愉悅，而是延續將死於未來的性命。叔本華表示：

「繁殖是一種維持生命，保障在時間裡存在無限生命的原理。」

性欲是克服擔心「我會永遠消失在這世上」的方法。沒有死亡，也許男女之間就沒有愛了。人數認爲性行爲是爲了個人的快樂，也許我們並沒有刻意這麼做，但其實都是希望自己的生命能透過子女繼續延續下去。要想永遠活在這個世界的方法就是留下後代子孫。性行爲是一種完全否定死亡，意志極想活下去的殷切表達方式：期待有天即使我死後化爲塵土，我的生命仍永遠留在這裡。

叔本華所說的愛情，是躲在甜美幻象後，想永遠留在這世界的意志在發揮強烈作用，我們完全無法察覺這個事實。就這點來看，繁殖的目的應已超越死亡，而在於實現期待生命永恆的欲望上。繁殖不是實現個人希望存活的意志，它實現的是種族意志。

舉例來說，人們誤以爲自己是依個人喜好挑選對象，自由談戀愛，再到結婚生子。但其實只不過是替自己家庭繁衍香火罷了。按照叔本華的主張，向對方求婚了卻被拒絕，並不是個人傷心事，基於那個家庭可能斷絕後代，這是非常大的傷害。這些事情的基礎其實含有我們想永生不死、對生命的意志。

我們透過多種媒體接觸愛的喜悅、悲傷、離別、絕望等多種形態。叔本華認爲那些甜蜜愛情的背後藏著大自然「種族延續」的策略。有機體透過繁殖策略克服死亡的事實在蜘蛛、黃邊胡蜂、人類等所有生命體上都能看到。繁殖之所以是有機體的終極目的，也是最強烈的本能，是因只有透過種族延續，才能克服自己的死亡。愛的本質是性欲的實現。叔本華表示：

「世上所有男女之情，無論呈現再美好的樣貌，都是根據性欲本能產生。換句話說，所謂男女之情，僅僅是這項本能變得特別、被限定，且被客觀化罷了，無一人例外。」

性欲是一種肯定想永遠生存之意志的方式。若將這世界看做對生命的意志，意志最鮮明的就是繁殖行爲。春天櫻花盛開、魚兒一次產下數億顆卵，都是清楚表現想存活的意志。

愛是發現想永生不死之意志的方式。我們的愛會藉由新生命的誕生持續下去。如果我們不斷去愛人，人類的生命將會永遠持續下去。**愛是證明我們活著的永恆象徵。**

愛的形上學

eros（愛欲）源自於希臘哲學家柏拉圖。eros是想滿足匱乏的欲望，乍看之下好像和erotic（性愛的）有關，但其實是誤會。eros是柏拉圖式愛情的語源，指的是具備完全智慧，致力於成爲美麗靈魂之過程。

叔本華認爲愛的前提是性關係，因此並非單純的快樂，而是努力讓死亡切斷的生命意志能延續下去。男女性關係是愛的最初行爲，也是出發點。

現在傳統的儒教與重男輕女思想其實已經逐漸消失，從以男性爲中心的社會，到現在男性的責任任務慢慢減少，祭祀等形式上的禮俗也變得很少了。現在要求結婚延續下一代，是老古板才會做的事。爲了防止世代斷絕、延續種族，叔本華的想法和儒教傳統有些相似之處。

最令人難過的事，是當我死了以後，這個世界上就沒有我的基因了。所以父母認爲自己比子女先死是幸福，子女比自己早死是最大的痛苦。因爲子女是自己性命的延長線。

對出生率普遍下降的現代社會而言，叔本華主張愛的目的居然是延續生命，這說服力可能稍嫌不夠。現代人不願意生孩子的原因可能和經濟、教育、職涯延續問題有關，但會不會更可能是對孩子未來的擔憂甚於延續自我的生命呢？且我們對性的認知也改變許多，所以不斷談戀愛和分手，認爲愛只是日常一部分，並不認爲是多嚴重的大事。叔本華認爲愛是爲了超越死亡的行爲，但我們仍可以思考一下這樣的主張是否有道理。如果懂了「愛的形上學」，就能領悟到我們是受快樂和幻象影響才反覆和他人交往又分手。

“在愛中學習愛。”

19

愛是理想國度，也是現實

｜戀愛｜

「愛經常披著幻想的衣服出現，
如同我們其他的本能一樣。」

當我們和相愛的人結下姻緣，即認為自己會永遠幸福。

對相愛的人而言，世界再美麗不過了，因為陷入愛河時，所有事物都會令人感到喜悅。愛變成有點刺激又美得令人有點恍惚的記憶。相反的，在愛裡失敗的人灰心喪氣，甚至選擇放棄生命，也有些成功的初戀後來變得不幸。

事實上，愛情更像是置現實條件和未來計畫於不顧的幻想。被這種幻想所欺騙，誤以為犧牲自己的愛情是偉大的。愛還會與對戀人的占有欲、嫉妒心、憎恨等結合，造成社會問題。

根據叔本華的理論，我們陷入戀愛時所感受到的幸福不過是幻想。

爲什麼愛上了，就什麼也看不清？

我們常說一旦「眼睛糊到蛤仔肉」，即使對方本來就沒有魅力，也會突然變得有魅力。男性期待女性能習慣自己的個性和特質，當這樣的女性出現了，他們就成了願意隨時犧牲性命的愛情戰士。大部分人都是深受性吸引力影響才陷入愛情，卻總是誤以爲戀愛是「自己主觀的意識」所致。當愛情無法談成時，有些人甚至會做出極端選擇，顯見對愛情的幻想足以麻痺一個人的理性判斷。

也因爲所有戀愛都是藉由性幻想達成，在這麼盲目的愛情基礎中，男性的性欲穩穩占有一席之地。男女約會時爲什麼會注意打扮、看著鏡子整理外表？原因在於性衝動。人類被愛的神奇藥效矇騙，感覺和對方交往是幸福的、滿足的。如同前面所述，其實愛的現實目的是爲了生育後代。藉由如此自私的行爲，大自然偷偷達到它想達成的種族延續目的。

「談戀愛的基礎是精神層面的交流」，這一個說法對叔本華而言是一種幻象。因愛的本質是「延續生命」，完全只看身體條件。首先從年齡上來看，男性會覺得年屆生育年齡的女性比較有吸引力，超過生育年齡的女性將被剔除在具有性吸引力的名單之外。所以不漂亮的年輕女性比天生貌美但有年紀的女性來說，還更具有吸引力。

年輕女子就算不漂亮，光是年紀就能成爲有吸引力的對象，而上了年紀的女人就算天生麗質，哪能比得上正值青春的女性呢？男性也很注意女性身材，這不僅是爲了生孩子，也是衡量養育的可能性。男性尤其執著於屁股和胸部豐滿的特性，是因爲他們本能認爲豐滿的乳房能給幼兒充分營養。所謂前凸後翹的身材其實和男性沒有關連，而是和未出世的孩子生存有關的條件。

女性同樣也有衡量男性身高的情況，這是因爲她們也隱約期待孩子能遺傳到好基因。我們所想的在精神層面的愛情不過是一種幻影，其實背後支配我們的是想生出健康寶寶的欲望。當然這種現象無法用理性判斷，而是本能地知道。

所以和異性交往時，一些像是財產或學歷等身家背景反而是次要條件。**其實**

人們更重視對象的外貌等身體特徵或性格上的優點。

記得彼此間的差異，愛就會是幸福的錯覺

每個人大概都有珍貴的初戀回憶——心一定會不斷地怦怦跳；明明才剛見面，離開後又情不自禁地想念對方，想到睡不著的時刻。然而男性和女性卻會碰到言語、需求、情緒上的差異。同樣一句話，彼此卻聽成不一樣的內容，或明明看著同一樣東西，卻有不同的解釋。

《男人百分百》是一部藉由一名男性在發生意外事故後，開始聽得見女性心聲，展現男女之間差異的電影。在廣告公司擔任要職的尼克接到新赴任的女性廣告企畫者指示，要他去了解女性消費者的喜好。他爲了了解女性的心理，塗指甲油、穿連身褲襪、做頭髮造型，然後不小心在浴室裡觸電，在那之後他就有了特別的體驗——聽得見女性的心聲。他明白女性的想法後，做出非常棒的廣告企畫。

說我們被愛支配也不為過。

《男人來自火星，女人來自金星：男女大不同》一書中介紹了能理解男女之間差異、維持感情的方法。約翰・葛瑞將男性和女性分別比喻為不同行星，藉此說明他們的語言、情緒、需求、行為等差異。

想法如此不同的男性和女性之所以陷入愛情，叔本華認為其目的在於生育。其實戀愛情緒並不符合生育這項大自然的目標，透過愛情感受到身處天國或地獄僅是一種錯覺。

有一種因素可能會讓透過他人介紹而結婚的夫妻，比自由戀愛結婚的夫妻更幸福。自由戀愛結婚的人首先被本能的吸引力迷上後，一旦達到生育的目的，所有幻想就會破滅、熱情馬上消失；而經過條件篩選後的婚姻相對來說較為現實，幻想也會比較少。

愛情來自於渴望完美。因此無論是評估交往對象的經濟條件、外貌或才能，都不是壞事。為了滿足自己的匱乏，無論是戀愛或是結婚，都是各自選擇的，不需要強迫。偶爾會有條件完美的人選擇不婚，但人類終將難逃一死，即使是只顧自己的自私鬼也會被愛情魔力降伏，對他人產生興趣，彼此產生共鳴，希望一起創造下半輩子，一旦陷入愛情，甚至會覺得所有流行歌曲好像都在唱出自己的心聲。然而人心總是在變，人生苦短，沒有永遠的愛情，但是多虧誤以爲會永遠下去的錯覺，我們得以在空虛的人生中，一起暫時度過又哭又笑的時光。

“

能同時讓人經歷悲傷與歡喜、
痛苦與快樂、
天國與地獄的，
就是愛。

”

20

結婚是共同的存在

｜婚姻｜

「結婚是一連串無法理解的行為。」

結束性行爲後經常感到空虛，結婚後也經常覺得自己被騙了。這都是因爲我們明白了性欲是多麼虛幻的東西。

爲性欲而瘋狂的人們發狂似地渴望著對方，但很快就會知道性欲是「世界上所有騙術中的精髓」。當性欲未被滿足，會讓人期待更多東西。也許對方反覆承諾願意上刀山、下油鍋，結果卻是什麼都沒做到。

雖然所有欲望被滿足的前後都不一樣，其中尤以性欲被滿足的前後差異最爲明顯。因此叔本華這麼談這份欲求：

「激情仰賴於讓人產生錯覺的幻想，因此達到種族延續目的後，就再也不需要欺瞞了。」

想想結婚以後的事

近年來，結婚不再是義務，而是選擇。

不僅是已婚的人，就連未婚的人都很清楚結婚後產生的各種問題。即使如此，談戀愛時我們自認為很了解對方了，但有時仍十分驚訝於婚後的改變怎能如此巨大。再火熱的愛情也可能像灰炭一樣失去溫度。

許多人只憑「愛」就決定結婚，最後卻為金錢問題、價值觀和生活習慣差異出現衝突，逐漸走向離婚一途。所以有的電視節目會將男女因為結婚而失去自由、必須對家人負起責任來的婚姻稱之為「地獄」，光明正大談離婚夫妻的痛苦。

為什麼會走到這個地步？最主要仍是因為自己為愛盲目、看不清未來。

叔本華曾說過，愛情是大自然爲了延續種族所施行的騙術。這種騙術讓極爲自私、精打細算的人類互相結爲連理、相愛，當我們被大自然欺騙，結了婚之後，很快就會知道一切都是欺瞞，正視疲憊的現實而後悔萬分。

所以眼光放得比較遠的人會選擇不婚。尼采說「哲學家不婚」，強調單身的重要性，但他的代價相當慘重——他沒有後代子孫。如果具備智慧，知道婚後在現實中的困難之處，就能像尼采一樣抱持自由精神，自己一個人輕鬆過日子。然而無論當時或現在，最終等待獨自生活的人，卻是不幸的死亡。

尼采人生的最後一段路和少數幾名朋友一起度過，長時間無怨無悔地照護他的人是平常關係不太好的母親和妹妹。尼采最後的精神狀態已經非常不好，他完全不知道，在他最艱苦時，願意幫助自己的只剩下家人。

不期待太多，幸福就會靠近

若被愛的幻覺矇騙而結婚的人謂之不幸，那已經知道是幻覺，所以選擇獨自生活的人就可稱得上是幸福嗎?兩者的不幸其實是五十步笑百步。唯一的差異是，結了婚至少還有家人可以做自己的堅固靠山，但獨自生活的人也許要準備好孤獨死的可能性。

養育過孩子的人都知道，替孩子換尿布時，能間接體驗到父母親的辛苦；生過孩子的女性則明白母親生育的痛；在職場上認眞工作，辛苦過生活以扶養家人的男性這才知道，爲什麼父親的肩膀看起來那麼沉重。

結婚讓我們間接看到自己都記不清楚的兒時成長過程，大致體會父母親的辛勞。無怨無悔、辛苦把我們拉拔大的父母親，他們的婚姻生活一定也有不開心的時刻。

結了婚不幸，不結婚也不幸的話，你要選擇哪個?

我們總是不斷被大自然欺騙。有人離婚後就獨自生活，也有許多人重新被其他異性吸引，再度陷入愛河。世上總有亮麗又外型出眾的異性存在，所以有人交往，就會有人分手。

你以爲離了婚，苦日子就結束了嗎?這是錯誤想法。也許另一段愛情就在某處等著你。**最好不要太過期待愛情、戀愛、結婚，有過幸福的時刻就夠了。**

“在愛情面前，沒有什麼是無法屈服的，然而，獲得愛的同時，也會失去某樣東西。”

21

人類爲了更完美而愛

｜條件｜

「結婚是一種將自己的權利減半，
將義務擴增為兩倍的行為。」

最近結婚人口比例一直下降，而離婚比例持續攀升，大概是因爲婚姻會減少自己的自由、增加約束的想法越來越普遍的關係。

婚後碰到的現實問題是陷入愛河時完全無法預測的。尤其家人只當自己是賺錢的機器，而彼此又完全無法溝通時，兩人的關係只會越來越矛盾。

即使如此，人人在愛情面前都會認眞起來，因爲這和創造自己後代子孫有關。

愛情中感受到的喜悅或痛苦都在延續人類種族的大前提下進行——即使我們沒有意識到。

叔本華認爲愛情是延續全人類的生存問題：

「所有戀愛都是人類對生存的認眞覺察。倘若這個世界沒有愛情，我們從現在這一秒開始就會走上滅種之路。我們現在生活的時代完全仰賴前一世代的愛，未來世代則仰賴於我們的愛。」

被和自己完全相反的人吸引的眞實原因

對叔本華而言，性的目的在於創造後代子孫。我們的生命有限，卻能透過後代子孫克服這一個事實。人類絕不會放棄延續生命的本能。

然而在那之前必須先做的，是認知愛的眞正目的。我們有時會認爲對方的缺點和自己的缺點正好相反時，很有吸引力。這就是爲什麼和自己完全相反的人，反而更有吸引力的緣故。

個子矮的男性也可能喜歡個子高的女性，皮膚白的人也可能喜歡皮膚黝黑的人。尤其當男性遇見了適合自己的美麗女子時，會感受到一股很巨大的情感，然後開始做美夢，想像和這名女性結婚時會有多幸福，然而女性不像男性那麼重視外貌，會比較看重異性的內在優點，比如像勤勉、親切、體貼等。

未認知到愛情的眞正價值，只是一味追求熱烈的激情和不負責任的性需求，這份愛將只剩下空虛和後悔。騙術的背後隱藏著留下後嗣的眞相。

初次陷入愛情的人會非常認眞，很努力地想「保存自我」。愛情和性欲間有非常密切的關係，戀愛中的人渴望創造後代子孫，愛情可以讓我們懷上延續自己生命的新生命。以生育爲目的的性愛對於創造下一個世代來說非常重要。人類基於優生學角度，會努力獲取優良基因。因此叔本華認爲**愛情並不是爲了自己的快樂而談，是一種爲了生下下一代的行爲**。

因此自從兩個人的眼神初次交流時，想成爲父母的本能就已經在發揮作用，並有誕生未來生命的可能性。我們會在無意識中考慮要生下什麼樣的孩子。無論男女，都可能藉由愛情來彌補自己的不足之處，所以常被優良基因吸引，其中最容易對長得漂亮或帥氣的臉蛋產生好感。高挺鼻子、有神的眼睛、漂亮額頭等是男性偏好的女性條件。女性則喜歡自己沒有的男性特徵，比如寬闊的肩膀、肌肉、鬍鬚、筆直雙腿等，不僅如此，也會考慮勇敢等性格。所以才會有句俗話：「英雄抱得美人歸」。

從現實角度承認愛情

叔本華談愛情、戀愛、結婚時充滿繁殖的內容，很多人因此產生抗拒。但實際上，大自然矇騙人類的方式確實很高明，叔本華賦予其「性愛形上學」之名。要是打從一開始，大自然就強迫人類必須延續種族，任誰都會感到抗拒。

大自然爲了騙過人類，在人類十幾、二十歲期間，給了人類最佳的吸引力條件。它給予我們好膚質、健康毛髮、開朗聲音等，好讓異性對我們產生好感。人人都至少擁有一項魅力，也就是自己不清楚，但別人知道的魅力。如果眞的什麼都沒有，那年輕就是魅力。

到了四十歲後，才明白青春本身就是美麗。你一定至少有過一次向他人告白，或被別人告白的經驗，你也應該有過因爲某位完全不認識的異性，他的第一印象就讓你一顆心怦怦跳，悸動得睡不著覺的記憶。還有等到見了面又緊張地說不出話的經驗，你一定有談過一段眞感情的記憶。

從大自然的角度來看，這是眞的被騙了。吸引他人注意力，尤其是吸引異性注意這點，即使男女有些差異，但大多還是在於健康身體及外貌。十多歲和二十多歲的青少年評價異性的標準非常高，有的人甚至只接受一歲的年紀差。

按叔本華的想法，人當然也會考慮更優秀的基因，不過最後仍被好看的外貌給吸引。當然，每個人的喜好不一樣，叔本華也認爲男女之間有些差異，不過共同點仍是外貌。女性偏好個子高又長得帥的男性，男性則喜歡臉蛋漂亮的女性。

大自然並不希望人類談戀愛時看太多條件，即使結婚後就會完全從那種幻想中脫離，它仍希望我們可以和年輕又漂亮、帥氣的人談上一場激情的戀愛。不過，對對方期待太高，失望也會更大。

結婚時精打細算，看學歷、經濟能力、家庭背景等各式各樣條件，是因爲如果那些條件消失了，情況就會更惡化。這和因爲失望而分手是同樣道理。被外

找到愛情真正的目的後，愛就改變了。

貌矇騙而結婚的人，當配偶的外貌有所改變或老化時就會失望；因爲錢而結婚的人，當沒有了財產就會感到失望。

舊石器時代不懂的事，現在透過網路或電視，人盡皆知。我們明白這個世界上有很多很棒的人，除了婚姻的現實面以外，也看了很多失敗案例，因此會把條件設立得越來越高。大自然希望人類談盲目的戀愛，但人類卻看太多條件。所以只能藉由出世的孩子，用「一家人」這套制度來約束人類。叔本華這麼表示：

「考慮各方條件，理性選擇的婚姻裡缺乏被本能吸引的愛情裡的激情；然而，單純受性魅力吸引而結婚的人，只會得到一名讓你後悔嘆息一輩子的另一半。」

不管是比較經濟層面條件、受人介紹的婚姻，或是眼睛被糊到蛤仔肉的自由戀愛婚姻，不幸程度是一樣的。**結婚並非通往幸福的捷徑，而離婚也不是不幸的休止符。**有項研究指出，愛情倚賴人類分泌多巴胺來維持，因此愛情的有效期限大約是十八個月到三十個月。

若年輕時所產生關於愛的情感是虛幻的，那麼結婚則是現實。偶爾看著談戀愛時來往的情書或訊息來回想戀愛時光，也是一種重新確認對方有多珍貴的方法。

"珍貴的東西能超越時間與空間延續下去。"

22

保持與自我的距離

關係

「恭敬和禮儀是彼此能承受的適當距離。」

叔本華連一位朋友都沒有，獨自一人生活。他沒有家人，沒有祖國，他的身邊只有愛犬阿特曼。叔本華每天的生活就是和阿特曼散步。尼采在著作《教育家叔本華》中如此描述叔本華：

「有一名朋友和連一名朋友都沒有的差距是無限大。」

人類雖然喜歡獨處，但也享受和他人一起的時刻。孤獨和社交特質就像硬幣的兩面。叔本華十分強調獨立的力量。想過一個自給自足的人生，必須要懂得從他人身邊獨立。但是人類基於各種理由，是種依賴他人又希望獲得認可、愛護的弱小生命體，在孤獨的盡頭又有想和他人一起的欲望。叔本華將「獨當一面」和「共存的生命」之間的矛盾用刺蝟的寓言故事來解析。

天氣寒冷時，刺蝟爲了預防冷死，會互相貼近取暖，但牠們又感覺到自己的刺會互相刺對方，因此拉開距離。之後又因受不了寒冷天氣，再次相互靠近，但隨即又拉開距離。最後，牠們找到一個可以忍受對方的刺的適當距離。即使想讓對方保持溫暖，卻又因彼此的尖刺無法靠近，最終憑著智慧，在一定距離內維持體溫。

「反覆多次相聚又分離的刺蝟們發現，和其他刺蝟維持最小的間距就是最好的方式。」

人際關係的難題是人生在世會碰到的一項棘手課題。職場上的上司與同事、家庭中的父母與子女、學校裡的老師和學生很難彼此相處愉快。我們應透過刺蝟的兩難故事，學習牠們不造成他人傷害卻又能共存的智慧。

別造成傷害，也別受傷

就算是自己生養的孩子，逐漸長大成人的過程中也不會想聽父母的嘮叨或干涉。正在經歷青春期的青少年即是因爲精神上從父母獨立出來的過程中，產生矛盾的一群人。在社會上因做生意認識他人也一樣，越是意氣相投，越容易因小事起爭執。相愛的關係之間也容易出現大大小小的衝突，關係越是親近，越容易傷害對方。**人生也由無數次靠近和分離形成，我們也不該讓其他人傷了心，應保持好心的距離**。

如同叔本華的比喻，組成一個社會的人類基於某些原因，和其他人見面時會豎起自己的「刺」。當彼此卸下心防，就比較容易表現出自己的本性。也就是說，我們是因爲人類的本性——自私、嫉妒、自尊心等，經常讓彼此的心受傷。即使是家人、男女朋友這種靠愛的感覺連結的關係也同樣適用。

我們怎麼樣傷害他人？就像刺蝟的比喻一樣，越是親近的人，就越可能傷害他。**和他人建立親密關係，其實就是將他人和自己的欲望畫上等號**。強迫對方變成自己期待的樣子，也可能是一種暴力。將對方看成是自己的物品時，就可能說出傷人的話。父母親希望孩子替自己實現未完成的夢想，也有先生和妻子認爲彼此結了婚，就不需要遵守最基本的禮貌。即使彼此相愛，也可能因爲講錯一句話，導致關係破裂。

有一句話叫「不可近，不可遠」。這是警告人不能靠得太近，也不能太遠，類似中庸的意味。然而實際上這句話的典故卻和這個意思完全不一樣。原文出自於《論語．陽貨》，孔子的意思本是「妻妾和下人難以使喚，對他們好就爬上頭來，對他們太冷淡卻又怨我（原文爲：唯女子與小人爲難養也，近之則不孫，遠之則怨）」之意，表示和小人之輩（妻妾、下人）太過親近容易受傷，太過遠離他們又會傷害自己，所以必須保持適當距離。

叔本華說「尊敬對方，但要保持距離」的言論，更接近孔子說的「敬而遠之」。敬而遠之同樣是尊敬對方並同時保持距離的意思。當時百姓們普遍迷信鬼神或民間傳說，所以這句話常被用於形容一名偉大又有智慧的領導人，「與其無條件同意所有想法，更重要的是懂得對不合理或不同意的事物保持適當距離」之意。

即使對方和我不同，或有錯誤想法，也必須尊重他的人格，才能避免說出滿是尖刺的傷人話語。我們得承認彼此看待世界的觀點有所差異，以更寬廣的角度理解對方。

維持「一起」和「保持距離」的平衡

所謂社會，必須彼此順從和妥協。強迫是所有社會中都少不了的。所有社會都會出現犧牲的狀況，當自己的想法越和他人不同、個人風格越強烈，犧牲就越大。和越多人往來、朋友越多、喜歡的人越多，接觸範圍越廣，招來不幸的機會和環境就越廣大。

當人類內在空虛、生活單調時，會需要其他人的溫暖。人們希望談天的過程中能獲得共鳴、支持、認同。但如果他人和自己的想法有差距，就會感到失望，彼此之間的關係又會因而疏遠。

這裡有一句話正好可以說明這個情況：

「沒見面的話會思念對方，但見了面又會恨對方。」

意指雖然非常想念對方，但見了面又會覺得討厭。所以人際關係需要一點冷冷的距離，叔本華將其稱爲「恭敬」和「禮儀」。**懂得保持距離的聰明人即使無法充分滿足需要溫暖的欲望，但能避免被刺傷的最糟情況。**叔本華將人類社會比喻爲「火」：

「聰明的人若要享受火光，會保持適當的距離，愚蠢的人會將火放在手上，等到被燙傷後才急忙逃進孤獨這個冰冷的地方，然後感嘆火燒起來了。」

覺得內心冰冷、需要他人溫暖的人因爲「內在空虛、意識貧乏、精神困頓」的關係，會希望與自己的同類聚在一起。他們和同類人一起追求助興及娛樂活動，一開始只是想嘗嘗肉欲享受和各種快樂的滋味，最後卻變成樂於追逐放蕩的生活。

產生想和他人和樂相處的社交欲望，恰好是自己不幸的反證。必須藉由他人才能獲得的價值，並不是幸福的本質。希望各位可以記住叔本華的話：

「我們所有的不幸都來自於無法獨自一人。」

和道德淪喪、智商不高又沒有邏輯的人接觸，將使自己暴露在各種危險和有害的狀況中。我們沒必要和那些人相處，因爲他們可能會燙傷我們。內在夠溫暖的人喜歡獨自一人，他們會遠離社會，不對他人造成痛苦或困擾，也不會遭遇痛苦或困擾。

即使你生在富裕的家庭，也會試圖用外在財富取代內在財富；如果你內心貧乏、精神空虛，你可能會試著接受外界的任何東西，但那些都毫無用處。

也許你想藉由眾多人際關係塡滿匱乏，但人際關係處理不好反而可能會燙傷自己。爲了幸福，人類必須在「獨當一面」和與他人「共存」中找到平衡點。**越是自己所愛的人，說話越要謹愼**，別做會在心裡烙下疤痕的事情。叔本華表示：

「禮儀屬於聰明，無理屬於愚蠢。」

不過，刺蝟的寓言故事中有個錯誤。

據說刺蝟會爲了不刺傷對方，而自行將刺壓扁。牠們懂得體貼對方，好讓對方能接近自己，並且爲了維持體溫，牠們會用沒有刺的頭部互相頂住彼此，克服寒冷氣溫。

雖然叔本華不知道這項科學事實，但他認爲我們應該像刺蝟一樣，學習不傷害他人，並體貼他人的心態，這點現在看來仍有其意義。過度的愛和關心也可能會造成傷害，我們可以透過稍微忽略和冷靜的態度，用聰明的「社交距離」，做到「維持彼此適當的溫度」。

❞內在空虛、意識貧乏、精神困頓的人，總想與自己的同類在一起。❝

23

學會獨自一人

| 孤獨 |

「人類之所以具有社交習性，
是因為沒有能力承受孤獨及處於孤獨狀態的自己。」

亞里斯多德也將幸福的條件定義爲「自足（自我滿足）」。這讓人重新思考起孤獨的重要性。叔本華認爲孤獨和社交習性是對立的關係。智商越高，希望自己過生活的傾向越高；智商越低，希望和他人一同作伴的傾向越高。因此孤獨是偉大的特徵。

孤獨很接近人類原本的樣貌。無論是朋友、情人、家人，都不可能和自己完全合而爲一。每個人的個性、偏好和意見也不盡相同，出現意見不一致及衝突的情況也是很正常的事。然而只有自己能和自己完全融合，**心靈的平靜和幸福只來自於自我的孤**

獨。爲了獲得幸福，別躲避幸福的起源——孤獨，應學習承受孤獨的方法。

「人人皆在孤獨的狀態下，顯露出自己本來就有的東西。」

有了獨處的能力，才能過得有價値

帶著刺蝟般的刺的人，碰到嚴峻的寒冷天氣時，會彼此靠在一起取暖，但在精神層面已經足夠溫暖的人，不一定需要成群結隊。若社交習性是爲了溫暖心靈，那單靠自己的體溫就足以活下去的人，需要孤獨的美德。

面對再怎麼親近的人，都無法向其透露自己的祕密，因爲總有一天，有可能會變成嚼舌根或誹謗的起點。友情、愛情和婚姻等緊密人際關係也不能保證一輩子幫你守密。從這一點看來，我們和其他人的來往越少越好。閒話、娛樂、快樂的背後總藏著虛僞的面孔。

世界上最可以依賴的人就是自己，**當我們完全相信自己的時候，就會是最幸**

福的人。你越是這樣做，就越不需要別人的幫助、對他人抱有期待，也就不會有太多受傷的可能。

獨自一人也能幸福的人，不一定要和他人來往、犧牲自己。

人類之所以和其他人來往，是因爲沒有能力承受孤獨。說得更精準一點，其實是內在的空虛、倦怠感所致，讓人無法好好地運用孤獨的時間做有用的事。這時候和他人的相處，只是因爲害怕獨自面對孤獨，卑鄙地選擇逃避。

喜歡和他人相處的人爲了避免單調，喜歡從外部尋找強烈刺激，然而，如果一直配合他人的要求，有時得放棄自己的權利。想和他人一起作伴是因爲自己沒有獨立的能力、內在的匱乏和空虛感等因素，但當這些因素持續下去，人就會選擇不斷從外在找尋刺激，最後就會對娛樂性活動成癮或變成酒鬼，而無法自拔。

最有價值的生命是培養能獨自相處的能力。當你逃離自我、回到原點時，要面對的還是自己原來的樣貌。若能減少不必要的關係連結，專屬自己的自由和欲求就能「復活」。

無論何時何地，
只要有自己就足夠了。

試著完全獨處

孤獨對人類的成長過程有正面的效果。當人類可以獨當一面時，那才是往「成爲大人」這條路更邁進一步的證明。孩子停止喝奶時，同時也從「恐懼」中獨立，孤獨則成爲每個人的自然狀態。換句話說，**孤獨其實是讓我們回到原先適合人類本性的幸福狀態**。

人類的群居本能來自於無法忍受在孤獨中所感受到的「單調」。只是因爲無聊，所以和其他人一起浪費時間，叔本華將此比喻爲無法一同演奏銅管樂器的樂手，因爲若是夠優秀的大師，絕對有足夠能力進行獨奏。我們也必須懂得如何靠自己的力量好好生活。

有了年紀後，有時就和老朋友或同學變得有些生疏了。甚至儲存在電話簿裡的朋友有時就這麼消失了，隨著年紀增長，孤獨慢慢變成了我們的朋友。要明白，**眞正的幸福得靠自己的力量從內在尋找**。

和越多來人來往，就越需要配合多數人的意見、犧牲自己，或出現許多要察言觀色、無法卸下心防的情況。慢慢的，也會越來越難建立眞摯的關係。所以爲了培養獨處的能力，有必要讓自己的想法和智慧越來越豐富。如今，在單身人口越來越多的情況下，孤獨將是從內在而非外在尋找幸福的重要美德。

“只有獨處時，
人才能完全做自己。
因此不愛孤獨的人，
也是不愛自由的人。”

24

感受對他人的痛苦所產生的憐憫之情

| 共鳴 |

「同理心才是我們內在主要的非利己特徵，要利己主義的人幫助他人是一件近乎奇蹟的事，理應受到讚美。但這個意志卻未獲得充分滿足，因此活得痛苦。」

所有爲了生存而過活的生命體理當自私，並且因而感到痛苦。對叔本華而言，同理心是將世上所有痛苦，變成像自己的痛苦一樣，藉此打破利己之心的高牆。叔本華說，眞正有價値的事是懂得憐憫他人，而那樣的同理心才是非利己行爲的唯一根源。因爲要是能和別人分享痛苦，痛苦就會減少。憐憫、共鳴、同理是叔本華認爲和他人來往時最重要的美德。

此外，我們也需要有善待他人的雅量。他表示，出社會後總會有必須和討厭的人一起相處的機會，但我們的行動必須謹慎並發揮雅量。謹慎能避免傷害和損失，有雅量就能避免爭執和衝突。

人類的兩種極端情緒

叔本華以道德觀點將人類行爲分爲四大類型。他認爲人類的行動是可以將自己或他人的幸與不幸，當成有基本動機的目標：

第一種動機，利己主義：強烈追求自己的安穩，並且無極限。

第二種動機，惡意：讓他人痛苦。

第三種動機，同理心：追求他人的安穩，而非自己的。

第四種動機，尚未被命名的動機（禁欲主義）：行爲人本身的不幸欲望。

在這些動機中，擁有同理心的人，會放更多注意力在他人的幸福上，這點和其他動機很不一樣。對他人的不幸產生同理心，可以因而消除只追求自己幸福的利己主義。憐憫是一種無限的愛，意即將他人的命運與自己的命運相提並論的純眞、非利己的人類既有的善良之心。相反的，利己主義或惡意行爲則會渴望他人的痛苦。

「幸災樂禍」可以用來表達和同理心相反的情緒，英文裡也同樣有個起源於德語的單字叫「Schadenfreude」，看來各個地方都有幸災樂禍的情緒。

透過經驗我們知道人類就是種奉行利己主義的動物。人人都爲了自己的生命、家人的幸福、自己的成就，選擇和別人競爭，你也會經歷只有踩著別人上位，自己才能活下來的冷酷局面。但當你看到因意外事故失去生命的現場，你也會爲那場悲劇而掉淚。那個時刻，束縛自己的利己之心會瞬間瓦解。

爲了生存，人類必須自私。一定得捕捉其他生命來吃、一定得贏過其他人……但對於碰上因無法預測的意外而犧牲的人又會感到心痛——人類就是如此矛盾。

不愛，但也別討厭

經濟學家亞當．斯密強調社會應多加考量經濟弱勢者。一開始他主張自由主義的經濟學，擁護市場經濟競爭原則，但他後來改變了想法，這是因爲他對弱者的同情心。

有一項實驗曾經測試人類對他人痛苦的反應。他們讓某位剛出生的嬰兒聽其他孩子的哭聲，結果不僅是那位嬰兒，嬰兒房裡所有的孩子都開始哭了起來；但將他自己的哭聲錄下來給他聽，卻沒有反應。這是證明對他人的同理心是與生俱來的，而且非常容易傳達給別人。這顆「惻隱之心」是人生在世很重要的一部分。

也並非所有學者都贊同同理與憐憫。德國哲學家康德指謫同理心和憐憫很有可能是種隨機行爲，就像有些人的胳膊可以向外彎一樣。當我們將鄰居遭受迫害，和同樣在國外遭受迫害的人做比較，我們當然會對更近的一方所受到的痛苦更爲敏感，因此他認爲這無法成爲普遍標準。尼采則批評同理心也非利他之心，而是利己之心的呈現方式。那是弱者想藉由「愛人如己」，來獲取利益的利己之心。他反而表示「同理」是低等動物也能有的感覺，人類應追求「同樂」。

拿馬拉松爲例，他建議我們不要憐憫被淘汰的人，應該向贏家送上眞正的祝賀、一同分享喜悅。斯多葛學派學者愛比克泰德曾說「自己擦自己的鼻涕」來強調獨立。如果一直幫流鼻涕的人擦鼻涕，他就不會自己擦了。他主張對弱者給予過多體諒或支援，就是奪走對方自己完成人生、變幸福的機會。

我們不需要爲了一起生活，就一起分享痛苦。應向失業者、身障人士、經濟弱勢族群、年長者等需要幫助的人伸出援手，同時也必須考慮逆向歧視和獨立心等面向。

我們這一代經歷了無限競爭、適者生存、贏家通吃等邏輯通用的時代。小時候在學校、畢業後在職場上或做生意時，都必須贏過別人，因此對於理解輸家所感受到的痛苦十分淺薄，在一個必須比別人優秀才能獲得認可的世界裡，充滿利己之心。我們得培養將鄰居的痛苦當成自己的痛苦的感性。

“去感受發生在自己、對方和我們身上的事吧！”

第五章

該去哪裡尋找幸福？

叔本華的人生論

25

幸福時刻太短暫

滿足

「幸福是由匱乏到滿足的『快速移轉』。」

人覺得幸福短暫，而痛苦長久，是因幸福像是做了場極短的夢，而痛苦卻像現實一樣綿長。韓國有份調查，假設韓國人壽命有八十年，那人生中露出笑容的時間僅有一個月，而一天之中笑的時間只有九十秒，彷彿證實前述所說。相反的，調查指出一天當中，我們擔心煩惱的時間為三小時，一輩子有十年的時間都處於擔心的狀態。

最近根據腦科學研究顯示，人類一輩子大抵笑五十萬次以上。通常年紀越小越常笑；年紀越大，笑的頻率越少。五十萬次聽起來好像非常多，但如果以一輩子來看，我們露出笑容的時間可說是非常少。

爲何笑容越來越少？可能是因爲不太清楚幸福的感覺，也可能是因爲腦部衰退等生理學方面的退化，也可能是受社會環境造成影響。

幸福總是過去式

叔本華說，很多時候由匱乏轉移到滿足的「短暫時刻」就是幸福。因爲匱乏感對人類而言是痛苦，滿足過頭了，就容易被倦怠、無聊的感覺困住。幸福可說是介於這兩者之間、短暫的滿足時刻。

我們享受幸福的時刻稍縱即逝，也正因沒有永恆又持續的幸福，才能滿足於微小的幸福感。**幸福不在遙遠高大的地方，它鄰近於日常**。

幸福是感受到匱乏被填補時，很主觀的滿足感。叔本華認爲自匱乏時感受的不愉快，到感覺滿足的變化過程是非常快速的。由於形成滿足的時間過於短暫，使幸福與不幸的差距比預期還要小。人類之所以不幸，是來自於多種匱乏，倘若那些匱乏在某天被滿足，雖然有可能轉變爲幸福，但持續時間實在太過短暫，因此很多時候我們無法認知那是幸福，而就此錯過。

世上不可能存在永遠的幸福。所有的快樂純粹來自於消除匱乏、脫離緊張狀態，故不會持續太久。回顧我們感覺幸福的時刻，如獲得成功、有所成就、被錄取等，可知幸福時刻十分短暫。通過高難度的測驗，那份喜悅並不會維持好幾個月。站在人生的大框架來看，大部分幸福來自於小事情：吃下美食的第一口、初次見到某人時的悸動、第一次上班等，這些事情塡滿我們的匱乏，轉變到滿足階段時，這時最爲幸福。幸福很快被人遺忘，因爲另一個匱乏正等著自己。我們無法得知未來會遭遇哪些事，必須忍耐未知的痛苦過日子，因此不要去盼望太大的幸福。

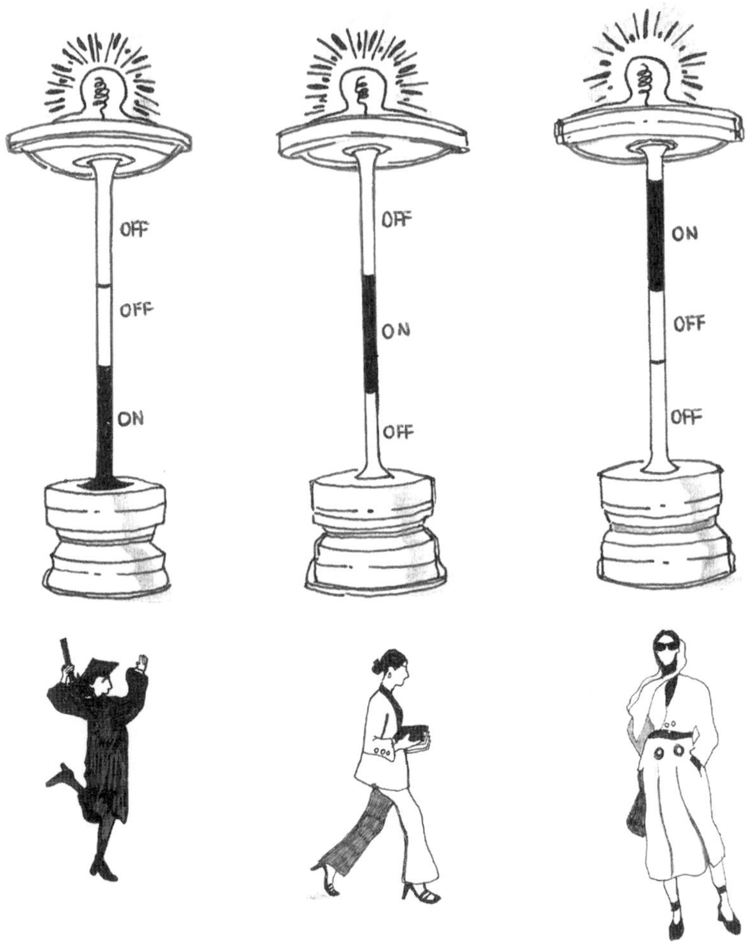

成就、成功、青春、時間都是剎那，

好好捕捉那個瞬間吧！

適合自己的幸福

日本小說家村上春樹的「小確幸」一詞曾流行好一陣子。

小確幸出自於他的作品《蘭格漢斯島的午後》，是「小而確切的幸福」縮寫。指的是像親手剝開剛出爐的麵包並吃下肚的時刻，或看見抽屜裡塞滿了整齊捲好的乾淨內褲時一樣，能在繁忙日常中感受到的微小喜悅。是種雖然渺小，但確實可以實現的幸福，或追求那種幸福的人生哲學。小而確實的幸福取自於微小的滿足，因此短暫的幸福自然是微小的。

無論是時間還是青春，所有事物皆是短暫停留後離去，所以我們必須懂得滿足於微小的快樂。如同一杯解渴的咖啡能令人感到幸福，我們必須感謝短暫的會面、緣分帶來的微小喜悅。至於那些難以承受的巨大幸福和滿足則會帶來枯燥乏味，讓人想尋找新事物。

當你到了開始充分理解人生痛苦的年紀，某種程度上已經有一定的社會地位，也備受認可；人際關係的幅度增廣了，也可能結婚生子了，有了成就也有了更多責任、更多痛苦。此時的你必須整體檢視自己的人生，要思考人生的起始和結束，建立起自己的計畫。

”時間和幸福不停流轉。“

26

當下不會重來

|現在|

「所謂『今天』只有一次，不會再有第二次，
最好時刻銘記在心。」

人類和動物的差距通常在於思考能力。從腦部科學來看，人類的腦比其他動物的還要大，叔本華認爲思考能力越高，就越痛苦。想感受幸福，必須要有能感受快樂與痛苦的神經細胞，因此石頭或植物並沒有幸福，也沒有不幸；在動物界裡最底層的生物能感受到一點點的痛苦，具備完整神經組織的脊椎動物則能感受巨大痛苦。人類不僅有感受痛苦的能力，也有思考的能力，會因此暴露於更多痛苦之下，所以人類是這個世界上最不幸的生命體。

人感受到的痛苦和快樂，以及由

此產生的不幸和幸福感比動物更加多樣化，具有更強的持久性。人類必然會經歷無法與其他動物相比的巨大情感變化，這與對痛苦的敏感性和智力成正比。

活在當下吧

動物只活在當下，因此沒有擔憂與不安。牠們不受對未來的擔憂或對過去的痛苦束縛，因此動物可以過得比人類更幸福，叔本華表示我們應向動物學習這項優點。

人類經常對過去發生的事感到後悔與自責。心想「要是我不這麼做的話……」想像現況可能會變得更好，比如承認在人際關係或選擇職業上做出錯誤判斷。人類也經常對尚未發生的事情感到憂心、對充滿不確定性的死亡感到不安、害怕策畫的事情不順利、懷疑一些不必要的事情。

動物僅避免可能死亡的狀況，但不了解死亡，而人類則是時常惦記死亡，為此終日惴惴不安。只有人類會為死亡做準備，感到茫然、害怕和過度恐懼。**但越**

思考死亡，就越讓痛苦的量壓過快樂的量。

動物沒有對未來的希望或期待，因此不會因此感到幸福或不幸。只有人類會預想開心的未來，發揮想像力而陷入美麗的幻想，甚至會更進一步俯瞰人生全景、建立計畫。動物的意識只會對映入眼簾的對象做出短暫反應，因此所有事情皆僅限於「現在」，然而人類感受上的愉悅，實際上卻是不存在的未來幻影。

感覺遲鈍的動物因只集中注意力在當下而幸福，被困在由想像力創造的未來幻影裡的人類則不幸。過度期待未來，可能會破壞「心靈平靜」這項幸福的基礎。「過去」和「未來」兩者實際上都不存在，因此我們應忠於「現在」這一刻。叔本華說：

「有些人認爲未來會爲我們帶來幸福，因此急忙追趕，卻連看都不看一眼當下，也不去享受，就此錯過現況。別忘了，只有現在才是眞實、現實、確實的。」

我們得好好咀嚼「今天只有一次」這項事實，爲當下塡滿意義；應開心接受不會再有第二次的當下，好好去享受。人生的每一天並非一樣，它們都是和昨天不一樣的新東西。我們應該抱持正面態度，評估「現在」的價值，陷於過去和未來的人們經常不明白每一個當下的價值，因而白白錯過。

動物之所以幸福，是因牠們比人類感受到的痛苦和快樂更少。牠們不會反省，所以不會將過去的痛苦放在心上，也不會陷於對未來的幻想。動物僅會感受實際存在於當下的痛苦。未來和過去只存在於人們的想法裡，只有當下的時刻才是眞正存在的。

叔本華強調當下的價值，但又認爲過於活在當下的人太草率。人生在世最重要的是不過於偏向對現在或未來的注意力，必須好好調節。因爲對過去的不滿或對未來的擔憂，反而會讓我們無法好好享受現在這一刻，這是件十分愚昧的事。

我們能享受有價値人生的時間只有今天，而「明天是今天的重複」則是錯覺。

每一天都是一個新人生

一分鐘累積到後面變成六十分鐘，而一天天累積下來就成了一年，現在只不過是連接過去與未來的一道過程，誤以爲時間像是由無限多個點所構成，因此不在意當下，只執著於過去的後悔或光榮、想著未來可能發生的事情，並推遲當下的幸福。

這是因爲我們誤以爲過去、現在以及時間會一直延續下去，但它們並不是連續的，是有斷點的。我們只活在現在，不存在於過去與未來，但卻總是誤以爲自己好像存在於那邊。

職場上有點年紀的上司開口說「我以前呢……」就會被人說是老古板。很多人經常重複提自己的英雄往事，卻不自知。很多年輕上班族每天抱著辭職的心態在過日子，但要是活在「我以後……」的想像中，匆忙辭掉工作，選擇自己出來做生意，很容易嘗到失敗的滋味。

過去已經過去，未來尚未到來，連今天都不好好過，只是活在過去的記憶和對未來的期待裡，實在非常愚笨。當下的時刻不會重來。

因爲世上所有事情都是以年爲單位的計畫實行，人類就誤以爲未來有無限的時間。然而死亡卻是無法預期的事件，希望各位可以好好思考**「你虛度的今日是昨天死去的人極爲期待的明日」**。

賈伯斯每天早晨都會看著鏡子反問自己：「要是今天是我人生最後一天，我還會去做自己今天要做的事情嗎？」要是答案是「不」，他就不會做那件事。他將每一天當成人生最後一天這點，和叔本華的名言有些相似之處。

“把現在當成過去，或將現在當成未來，
就能把這個瞬間看得更有價值地去享受。”

27

尋找自己的專屬色彩

｜個性｜

「在意志具有高度客觀性時，
我們可以看到個人風格可以明顯地展現出來。」

人即便到了人生最活躍的全盛時期，符合社會標準認眞工作，不一定就等於幸福。比如工作狂反而可能會招來不幸。到了一定年紀就會明白，工作和幸福感不一致可能會讓人產生懷疑、陷入絕望。習慣配合團體生活的人，是一群到處努力「解讀空氣」的世代。但若活在他人的目光下，就無法變幸福。因爲他人的評價裡也會參雜眼紅、嫉妒等負面內容。有時我們應大膽打破他人評價的視角，試著回想自己被他人評價左右的經驗吧！

「你又比我好到哪裡去？」

根據叔本華的看法，雖然人類像其他生命形式一樣是被動的生物，即靠生存意志而生存，但同時也是種主動的生物，明顯地表現出個性；也因爲每個人的個性不同，人類幾乎是這個世界上最高層級的生命體。不要照人家說的做，照自己想的做，人類才會幸福。找出不同於他人的獨特色彩，**走自己的路，而非人人都走的路，才是通往幸福的道路**。幸福的道路有百百種，怎麼樣才能活得最像個人？就是明白自己獨有的欲望。

明白想要的，就能照所想的過日子

爲什麼不看別人眼色過日子才能幸福？叔本華將這個世界分爲四種階段，將人類和其他物體進行比較。

第一階段，像石頭之類的無機物：受重力、電力、磁力影響。

第二階段，植物：每一天都會重新開花，但它們之間的特性相似。

第三階段，動物：受衝動與本能支配，並具有群體行動的特徵。換句話說就是集體主義。

第四階段，人類：到了這個階段，各自的個性才明顯出現。每個人想要的都不一樣，因此對成就感與幸福感皆有所差距。

不要在意他人目光，照自己的意志和努力過日子，就能感受自由。

越低階，共同點（種族特性）就越多；越高階，差異（個體差異）則越明顯，因此這個世界上只有人類能尋找自己的色彩。

根據叔本華的理論，雖然比人類層級低一點的高階動物也有自己的個性，但不如人類明顯。因物種的性格太強烈，導致個別性格特徵不是那麼明顯。越低階的動物，個體的影子消失越多，只剩物種的普遍性格與特徵。

隨著知識發展，不只解析世界的方式改變，理解人類的方式也有了許多改變。叔本華所說的「意志」其實不僅作用於天上的星星和植物，也作用於動物及人類的「內在力量」。簡單說，就是類似能量的物質會引發化學和電力作用，讓生命體裡面出現想永遠存活的強烈執著。當然，「長生不老」是壽命有限的人類不可能實踐的夢。

亞里斯多德稱所有生命體具有的天生生存本能爲靈魂，並分爲：一，植物靈魂（攝取養分）、二，動物靈魂（感覺），以及三，人類靈魂（思考）三種。尼采也將人類的進化分爲五個階段：一，植物（幽靈）、二，昆蟲、三，動物（猿猴）、四，人類、五，超人。

這代表人類的本性中存在好幾種靈魂。人類內在有各種衝動同時存在，也可能彼此產生衝突，亦即人類不僅需要像植物一樣需要睡眠與攝取營養，還要有動物爲延續種族的衝動，以及高度知性等共同作用。睡得好時，我們過得像石頭或植物一樣；白天爲了進食或延續種族，則像動物一樣生活，過程中偶爾運用知性。這是一種警訊，代表人類即使經歷長久演化，從動物演變爲人類，但一個不小心還是可能會變回猿猴。

爲了防止這種事發生，人類內在最低階、最黑暗的衝動，也就是意志，就和最高階、最明亮的知性產生對立，所以我們需要具備智慧，讓這兩者能和平共處。並且更進一步透過這份知性，了解自己真正想要的是什麼、實現自己的真實面貌，也就是「個性」。叔本華強調的個性，是**肯定自己、希望做自己想做的欲望**。

靠自己獲得幸福

韓國的幸福指數是OECD三十八國裡的第三十六名，屬於吊車尾的一群。而讓幸福指數呈現吊車尾的原因，大抵上是貧富差距、競爭激烈、急速高齡化、環境惡劣、物質萬能主義、外貌至上主義等，妨礙了我們的幸福。最令人擔憂的是「可以自由按照自己想做的生活」項目中，排名第一百四十四，名列最後一名。

詢問只剩下幾個月可以活的末期病患「在臨死前最後悔什麼？」以及「如果可以重新出生，最想做什麼？」你覺得會得到什麼樣的回答？

他們異口同聲表示，希望可以過「照自己意願過」的人生。布朗妮・維爾在《和自己說好，生命裡只留下不後悔的選擇》裡寫道，「要是過著按照自己意願過的人生，而不是過他人想要的人生……」就是面臨死亡的癌症末期患者的第一個願望。

要看誰是否幸福，並不是看他坐擁多少財產，而是看他熬過哪些痛苦。根據調查結果，到了老年，最後悔、最痛苦的事是年輕時，因爲在意他人眼光，沒能好好做自己想做的事情，直到老年才知道自己是一個怎麼樣的人。

要是一直在意周遭反應，就只能過著跟隨他人標準的生活，那樣的生活令人鬱悶。這種情況的原因來自於難以隨心所欲，總是在意他人眼光的集體主義、標準化的教育方式、期待出人頭地的思想方式等，如此一來，就會自然而然地把心力集中在許多人喜歡的幾項事物上。和他人做比較也是降低幸福感的重要因素。

韓國人認爲的幸福條件是家人的幸福、健康，接下來是財富和名譽。

幸好經濟條件在某種程度上還算是先進國家水準，因此物質方面的匱乏還不至於造成問題；但是也無法阻止社會區分階級，比如「金湯匙」和「土湯匙」（譯注：表示出身貧寒的人）等，欣羨他人天生運氣好或者不幸感受擴大的情況也時常發生。

肯定我想要的、我可以做的、我天生具備的，
就是活得像我自己。

和他人比較會產生相對剝奪感。柏拉圖在「幸福論」認爲，從財產、外貌、名譽、體力、口才中「感到一絲不足之處的生命，就是幸福的生命」。比起他人的客觀評價，自己的主觀滿足感更爲重要。**就算比別人差一點，也沒必要感到自卑**。

近年來長得有個性的人比長得好看的人更吃香。「你給人印象很好」「笑起來很漂亮」「看起來很有氣勢」「帥女孩」「冷都男（冰冷的都市男子）」等，都是形容有個性的人的詞語。人類生命特有的色彩之所以能繽紛美麗，正是因爲人類的潛能無限。

現在開始，就要過個性鮮明的人生，別活在別人的期待和欲望裡。爲了成爲「有生命價值的生命」，千萬不能忘記最高層級的需求——實現自我。乍看之下覺得人們好像都走向同一個方向，但其實他們希望看到的都是不同地方，因爲統一又標準化的大眾文化影響力，讓許多人追求同樣東西。然而這種幸福是欺騙。

現代民主國家的《憲法》基本都有保障「追求幸福權」。國家不得要求國民爲了幸福價值做任何事。無論他要玩還是工作，都是個人的選擇。就算有的人一開始覺得工作很幸福，但後來卻選擇了離職，並因此感到快樂，也不是國家該管的問題。國家可以提供支援，給予他參與勞動的動力。憲法中保障追求幸福權反映了個體的多樣性，並不是建立在相同、永遠不滅的幸福前提下。

幸福的內容可能會隨著時代變化改變。比如可能增加一項「可刪除網路侵害人格、誹謗、侮辱等相關內容」於追求幸福權之後。幸福的內容也會隨時代出現變化或擴大。**幸福的內容是由各自的選擇，所創造出來的個性**。

世界上有眾所皆知的誘惑之路，比如成功、幸福、名譽、財富等，人類確信能引領前往幸福的道路。但若只是一味追逐別人走的路，就會過不適合自己性格、處處被強迫的人生，最後後悔莫及。跟隨他人，追求「相同」是低階的欲望，追求「相異」則是高階的欲望。配合社會的普遍標準過日子，通常會令人感覺鬱悶、受不了。即使不能成就大事業、大富大貴，只要不在意他人眼光，過自己滿意的生活就夠了。

將自己帶往幸福的方法，只有讓欲望帶我們走。爲了過有個性的生活，我們需要的是肯定自己欲望本身的態度。首先必須理解別人根本不了解的、我自己想要的、我能做的以及與生俱來的才能與性格。四十歲時，只要尋找符合自己個性的工作，跌跌撞撞，並且自我覺察就夠了。

”

找一項自己想要得到的事物吧！
沒有期望的人生，將受人擺布。

“

28

擁有多少不重要

|錢|

「世上萬物雖具有想活下去的充分意志，
但這個意志卻未獲得充分滿足，因此活得痛苦。」

要賺多少錢才會幸福？這個底線很難決定。很難提出一個和年薪、財產、住宅之類相關的絕對標準，因爲每個人爲了幸福所需的財富欲望皆不同，這是一個相對問題。不貪財的人只要不貧困，就能過上滿足的生活；即使一個人家財萬貫，若他不能滿足，一直渴望著未能擁有的東西，我們也會覺得這個人很可憐。隨著個人欲望和滿足變化的財富，無法成爲幸福的絕對條件。對財富的執著越強，無法被滿足的欲望可能更強烈。

出生於富裕家庭，因父親過世後繼承其財產，讓經濟條件算不錯的叔本華比誰都清楚財富的重要性。叔本華將繼承的財產變現，創造了一輩子都不會被金錢奴役的條件。因此許多哲學家爲了賺錢授課的同時，叔本華一輩子都不用擔心金錢，只埋頭於研究哲學。他是眞正的有錢人，比任何人更了解金錢的價值。

叔本華獲得父親公司股票繼承，靠著這些收入過簡樸生活，但他其實也算了解金融界。他投資的某間公司破產時，其他股東同意接受七〇％退款，但叔本華卻堅持要拿到全額退款。財富根據誰擁有和管理，存在著很大的差異。叔本華還說，許多人錯誤地認爲擁有巨大財富才是人生的最終目的。

幸福的有錢人和不幸的有錢人

只要明白財富原本並不是人類的所有物，還有可能因爲運氣因素而變少的事實，就會減少對財富的欲望或執著。減少對財富的渴望，就不會再感到痛苦了，也就是說，**如果減少對財富的執著，幸福感就會增加**。明白這項道理的人就算失去錢財，也不會花太多時間重新尋回幸福感。

對財富而言，最重要的就是管理方式。出生於富裕家庭的人認爲財富就像空氣，不可或缺，他們會顧好財富，如同守護自己的性命一樣，這些人能享受經濟獨立，不工作也能生活下去的特權。對眞正的有錢人而言，財富並非用來享受或浪費。

若是獲得遺產，則可以享受自身的才能所帶來的創造性人生。像叔本華這樣的人，就可以不用擔心錢的問題，一輩子做研究。但也有相反的不幸例子。即使獲得許多遺產卻什麼都不做的人，整天游手好閒，沒有素養或知識，對心靈方面活動也不感興趣，很容易爲了撫平有錢人的痛苦——無聊，而大把大把地花錢，最後落得窮困落魄的地步。此外，擁有過多財富的人之中，也有人爲了守護那些財產，成天擔心憂慮，這樣的有錢人是不幸的。

錢可以滿足人類各式各樣的欲望，這是幸福的相對性條件。然而已經擁有許多財富，卻因爲對財務的執著，而拚命工作的人則被困在錯誤的視角中。我們有必要明白，對財富的渴望是絕對無法被塡滿的。

和財產或財富的價值相比，知性素養更有價值。因爲即使金錢塡滿了口袋，但腦袋空空，也無法幸福。比起擁有金錢的人，使用的人採取何種態度，會讓金錢的價值改變。像叔本華一樣獲得父母大筆遺產，能無後顧之憂專心研究哲學，就是他所認爲「眞正的有錢人」。

如何管錢，比錢的多寡更爲重要

許多人越來越執著於財富：人生主要關心的議題是錢，人生目的也在於錢。在資本主義社會中，金錢本來就扮演重要角色，然而近年來賤民資本主義（譯注：意即喪失職業倫理的資本主義）的潮流變得更爲強勢。原因有很多，最主要是因出現投資暴富的傳說，讓許多人因而產生相對剝奪感。「一夕乞丐」的新興用語正代表了此種剝奪感。現實生活中，可以看到越來越多人抱持一步登天的想法，遵從物質萬能主義。

財富並不是壞東西。如同叔本華所強調的，因爲他自己也受惠於此，過著隨心所欲的生活，所以財富是幸福的一項條件。然而「眞正的有錢人」和「僞有錢人」也一定有所差異。眞正的有錢人會將財產盡量用於啓發自己優點之處。獲得經濟、時間上的自由後，他們會將時間投資於培養素養，而非娛樂、炫耀、消費之類行爲。他們藉由閱讀、聽音樂、旅行等活動，尋找美麗事物與自己的意義。

而僞有錢人無法有效地運用時間，將錢花在向他人炫耀上，大肆地浪費金錢。叔本華認爲眞正的有錢人和經濟自由的概念是一脈相通的。眞正的有錢人正因太明白金錢的價值，反而過著簡樸生活，並認眞管理錢財。從貧窮階級突然變有錢，或靠著卑劣手段變成有錢人的人很容易散盡家產。叔本華說：

「無知之人變成有錢人時，他的無知會削減品格。」

眞正的有錢人認爲財產是災難或不幸的防火牆，並不認爲是種享受。一夕致富的人則因不儲蓄又浪費，將賺來的錢統統花光，最後再次變貧窮；靠繼承獲得財產的人會以安全方式管理資本，努力維持富有。他們不像一夕暴富的人一樣浪費，懂得考慮未來，很有經濟觀念，非常清楚財富的珍貴。換句話說，財富就像不可或缺的空氣一般，守財必須如同守護生命一樣愼重且簡樸。

相反的，貧窮過的人認爲貧困是很自然的事，許多人偶然有了錢財進帳，就把錢財浪費在享樂上，如果又變窮了，也能像以前沒有財產時一樣勉強餬口。最後過著金錢煩惱好像早已消失了一樣的日子。

有錢人致力於保有財產，天生就有財產的人能從困苦中解放，按照自己有創造力的才能過日子。

“真正的有錢人是有能力理財的人。”

29

他人的評價不重要

｜自尊感｜

「帶著自尊感過日子吧！」

人的一生，可能都無法忽略周遭人的評價。他人的評價在職場、生意上、關係上經常成爲客觀條件。然而倘若眞正幸福的條件應從內在尋找，那他人的評價也許就和幸福無關。

根據叔本華的說法，在他人眼裡的我可以分爲名譽、地位、名聲、成就等。我們總是爲了給他人留下好印象，想獲得好評價而努力。人類就是因爲不夠有能力靠自己達成某件事，所以希望吸引他人支持和好感。爲了討好別人，有時甚至還會使用騙術或戴上面具。

但若太汲汲營營於討好別人，就

會太在意他人目光，對話變得不自然，想獲得比原本的自己更好評價的虛榮心就會變大。要是我們明白，他人的目光究竟有多麼表層和狹隘，就會知道他人的評價對自己的影響其實不大。

我不能評價他人，他人也不能評價我

他人評價我的心態是非常表面的，很多時候是沒營養、被扭曲的。因此期待聽到更好的評價是很傻的事。其他人對我的事情其實沒有太大興趣，這點只要從我們評價他人的方式來看，就能輕鬆得到結論。第三者對自己的判斷一點也不客觀，尤其是批評時，有時會發現對方的思考方式非常無知、帶有偏見，而且心胸狹隘。那種評價最好完全忽略。

叔本華舉了某個臨死的死刑犯故事，來說明過度在意他人眼光這件事。一八四六年三月三十一日的《時代》雜誌提到，湯瑪士·沃克斯在死刑執行當天，成功地在前來看自己可恥最後一面的見證人面前展現自己堂堂正正的一面。即使死亡近在眼前，他還是想讓來旁觀的人看到自己最後的亮麗樣貌，是一個擁有驚人名譽欲求的例子。

不僅是重視名譽或成就的人，許多人都活在「不知道別人怎麼看我」的擔憂裡。把自己在他人心裡留下的樣子，看得比自己眞正的樣子還重要。**要是我們能不在意他人目光過日子，不必要的不安將會消失**。

人類許多煩惱皆是來自於過度意識他人目光的錯誤態度。而這項基礎裡有嫉妒、憎惡、虛榮、自尊等。也就是說，和他人做比較，希望自己獲得更好評價，就會變得憎惡他人的優點。此外，希望能獲得比自己實際樣子更好評價的虛榮心，顯示出不希望被忽視的自尊心。

其中要消除招致不幸感受的虛榮心是最難的。

放棄成爲別人喜歡的人

比起煩惱「該怎麼做才會讓對方喜歡我」來得更重要的是，思考自己原先具有的資產，比如名譽、地位、名聲絕對不會比性命或健康重要，也沒有東西能和健康交換。最愚蠢的事莫過於爲了名聲和名譽，甘願獻出性命。「名譽重於性命」的名言不過是將他人見解看得比自己更重要的妄想。

爲了想獲得更多的尊敬和支持，努力提高自己的地位是件十分愚昧的事。許多領域的官職、勳章、稱號都是這麼來的。對不清楚自己爲人的他人抱有期待，這樣的妄想會讓我們不幸。不管別人說什麼，都不應在意。被他人評價矇騙，因而犧牲自己健康或性命的情況，多得不計其數。那種心態的基礎是貪念和執著，最終仍將明白那樣的努力並沒有任何用處。

叔本華強調不同於名譽欲求和虛榮心的自尊之重要性，若虛榮心是貪心地希望從他人那裡得到比自己原來樣貌更大的掌聲，自尊則是對自己擁有的優點有明確信心。若虛榮心是期待他人的希望，自尊則是從自己的內心，向自己直接下達的高度評價。**只要堅信自己獨有的優點和價值，就能擁有自尊**。只要有那種堅信，自尊是不會受損的。爲了擁有不受影響的自尊，就得先消除希望獲得他人好感的虛榮心。叔本華說道：

自尊來自於己。

「虛榮心一出現，話就多了；自尊一出現，話就少了。」

在社會上打滾，「風評」很重要。隨時隨地總會有評價出現，並且還決定自己的升遷、成就和名譽。別活在他人的鏡子裡，應按照自己標準，大大方方、不氣餒地生活。**肯定自身價值，不受影響的自尊是幸福的條件中最重要的。**

“深信自己，人生就變得不一樣了。”

30

我是怎樣的人很重要

｜自我肯定｜

「人生的第一個四十年是正文，
接下來的三十年是對正文的注釋。」

叔本華應用亞里斯多德的三項分類，將創造命運差異的三項事物訂爲「人格、持有物、風評」。其中，「人格」也包含健康、力量、美麗、氣質、道德性格、知能及素養。它是人與生俱來就有的，任誰也搶不走。

決定人類幸福的人格是每個人看待世界的觀點。因此就算沒有財產、社會地位低，但**只要有人格上的優點，絕對足以過得幸福。幸福的眞正原因並不在外頭，而是在我們的內在。**人類的幸福並非從外界獲得，而是隨著自己如何看待世界而形成。也就是說，重要的是心態。

我們的人格和財產或名譽不一樣，它不屬於命運，因此無法輕易奪走。財產和名譽可能會因運氣好壞而遭受毀損，它的價值具有相對性，而人格價值則屬於絕對性價值。我們的人格終身不變，就連地位或財富也不能取代它，就算獨自一人，它也跟著你，沒有人能給予或奪走，因此比反映在他人目光的樣子（風評）或持有的財產來得更有價值。

人格決定觀點，觀點決定世界

人格並不像財產能互相給予或接受，也不像風評一樣由他人決定，是天生具有的。它會一直跟著我們到死，是無法分離的本質，無法取得也無法獲得，天生具有的東西在人類的幸福中最爲重要。外在的事物可能會隨著運氣好壞改變，但我們的人格絕不會改變。

所以人格之間的差異，讓我們即使處於同一環境下，也有幸與不幸的感受差異。來自外部的東西僅會造成間接影響，但思考方式不同，感覺自然就不一樣。

這個世界由主觀和客觀各占一半的比例來組成。即使客觀層面再亮麗，主觀太過遲鈍的話，看起來就不幸福了。即使景緻再美，用低畫素的相機也拍不出美麗風景。看待世界的觀點不同，世界就不一樣了。每個人的世界觀幾乎主宰一切，因此會出現各種不同的想法，也就讓世界大不相同。若視野貧瘠，世界就變得沒有價值；若觀點豐富，世界就變得有趣又有意義。

即使是同一事件，對優秀的人來說會是有趣的，對平凡的人來說可能是老套的劇情。幸福會隨著地位或財富差異出現些微差距，但幸福的情緒會從內在意識湧上來。幸福成就了我們，換句話說，幸福對我們的人格有多大影響，不說也能明白吧？

我所領悟的，就成了我的世界

人類可以享受的幸福限度，依照每個人的個性早已註定好，尤其心智能力是最終決定我們能否享有高尚享受的因素。對叔本華而言，最棒的快樂就是精神層面的快樂，心智能力不夠，即使外部環境再好，也只能感受到平凡的幸福，陷入本能的快樂、低階社交或娛樂中；而心智能力高的人則藉由閱讀、思考及寫作等活動感受眞正幸福。

幸福的眞正條件並非從客觀的外在尋找，應從自己內在的主觀條件中尋找。個人的幸福並非取決於地位或財產之類的「外在之善」，而是受接納世界並組成意義的意識很大影響。這和那個人要用樂觀或悲觀方式看待世界，還有他的心智能力成正比。我們可以藉由叔本華的哲學，讓這類觀點變得更豐富。

「四十多歲應怎麼過生活？」這個問題是人人都需要思考的共同主題。經歷十多歲、二十多歲、三十多歲到四十多歲，人生的經驗越豐富，就應增加更多的註解。叔本華曾說四十多歲是人生重要分歧點，四十歲以後則是爲目前爲止的經驗增添一點色彩的解析過程。

叔本華普遍被認爲是厭世主義者，感覺他的人生充滿一片漆黑，但他其實懂得人生各式各樣的快樂，並過著多采多姿的生活；經濟層面上也有一點餘裕，因爲不需要工作，所以他具有從遠處洞悉人生的眼光。他批評當時淨說一些虛無縹緲的抽象言論，藉此賺演講費的哲學家，他非常明白現實的痛苦及快樂。**叔本華認爲看待幸福的視角很重要，但更需要具備的是看待痛苦的視角**。

爲了培養品格，最重要的是讀書與思考，以及不斷覺察自己。就算活了一百年，也不是所有人都會成爲有智慧的人。離開這世界時，有的人可能感嘆「世間無常」，也有的人可能會抱持著「兜風」的愉快心情離開。**自己看到的、感覺到的就是生命的全部**。

我們不想屈服於世上的痛苦，也希望對他人抱持著理直氣壯的心態，這就需要生命的智慧。能奪走我們人生的只有命運，這些都是我們到死之前要向叔本華的幸福論學習的地方。

“命運有機會變更好。”

圓神出版事業機構 Eurasian Publishing Group
用心與你對話・視野無限寬廣
究竟出版社 Athena Press
www.booklife.com.tw reader@mail.eurasian.com.tw
哲學 042

正是時候讀叔本華：平息內在的風暴，別浪費生命向外炫耀

마흔에 읽는 쇼펜하우어：마음의 위기를 다스리는 철학 수업

作　　者／姜龍洙 강용수
譯　　者／郭佳樺
發 行 人／簡志忠
出 版 者／究竟出版社股份有限公司
地　　址／臺北市南京東路四段 50 號 6 樓之 1
電　　話／（02）2579-6600・2579-8800・2570-3939
傳　　真／（02）2579-0338・2577-3220・2570-3636
副 社 長／陳秋月
副總編輯／賴良珠
責任編輯／歐玟秀
校　　對／歐玟秀・林雅萩
美術編輯／林韋伶
行銷企畫／陳禹伶・林雅雯
印務統籌／劉鳳剛・高榮祥
監　　印／高榮祥
排　　版／陳采淇
經 銷 商／叩應股份有限公司
郵撥帳號／ 18707239
法律顧問／圓神出版事業機構法律顧問　蕭雄淋律師
印　　刷／祥峰印刷廠
2024 年 8 月　初版

定價 390 元　　ISBN 978-986-137-452-9

寬恕不是打破創傷循環的必要條件。過去不是，將來也不會是。

——《世代的創傷到我為止：卸下包袱，重塑正向能量》

◆ **很喜歡這本書，很想要分享**

圓神書活網線上提供團購優惠，
或洽讀者服務部 02-2579-6600。

◆ **美好生活的提案家，期待為你服務**

圓神書活網 www.Booklife.com.tw
非會員歡迎體驗優惠，會員獨享累計福利！

國家圖書館出版品預行編目資料

正是時候讀叔本華：平息內在的風暴，別浪費生命向外炫耀／
姜龍洙 著；郭佳樺 譯.
-- 初版. -- 臺北市：究竟出版社股份有限公司，2024.08
224 面；14.8×20.8 公分. --（哲學；45）
譯自：마흔에 읽는 쇼펜하우어 : 마음의 위기를 다스리는 철학 수업

ISBN 978-986-137-452-9(平裝)

1.CST：叔本華（Schopenhauer, Arthur, 1788-1860）
2.CST：學術思想 3.CST：哲學

147.53 113009042